Max Weber

西方著名法哲学家丛书（第一辑）

吕世伦　徐爱国 主编

# 霍姆斯：
## 法律实用主义

明　辉◎著

黑龙江大学出版社
HEILONGJIANG UNIVERSITY PRESS

**图书在版编目（CIP）数据**

霍姆斯：法律的实用主义 / 明辉著 . -- 哈尔滨：黑龙江大学出版社，2009.6（2021.8 重印）

（西方著名法哲学家丛书 . 第 1 辑 / 吕世伦，徐爱国主编）

ISBN 978-7-81129-167-4

Ⅰ . 霍… Ⅱ . 明… Ⅲ . 霍姆斯，W. O.（1841～1935）—法哲学—研究 Ⅳ . D90

中国版本图书馆 CIP 数据核字（2009）第 090102 号

霍姆斯：法律的实用主义
HUOMUSI：FALÜ DE SHIYONG ZHUYI
明　辉　著

责任编辑　孟庆吉
出版发行　黑龙江大学出版社
地　　址　哈尔滨市南岗区学府三道街 36 号
印　　刷　三河市春园印刷有限公司
开　　本　880 毫米 ×1230 毫米　1/32
印　　张　5.5
字　　数　140 千
版　　次　2009 年 6 月第 1 版
印　　次　2022 年 1 月第 2 次印刷
书　　号　ISBN 978-7-81129-167-4
定　　价　37.00 元

# 总 序

　　人类的法律文化或法律文明,可以区分为法律制度和法律思想两大载体。法律是硬结构,法律思想是软结构。历史地看,它们共生并相互渗透和依存。比较而言,法律制度通常趋向于稳定和迟滞,而法律思想则显得敏锐和活泼。由于此缘故,一个时代的法律文化变迁,总不免表现为法律思想为先导,法律制度随之产生或变革。

　　中国为古老文明的大国,原本有自己独到的法律传统,也有自己的法律思维范式。临到清末,在西方列强的入侵和文化的冲击下,中国法律文化传统出现断裂,开始发生历史性的转型。早些时候,中国人学习日本,而日本的法律又来自于西方的德国。晚些时候又学习前苏联的法律,中国法律传统又增添了社会主义法律的色彩。这样一来,我们现今的法律同时是中国传统法律、西方自由主义法律和社会主义法律的混合体。反过来也可以说,我们的法律既欠缺中国传统,也欠缺东洋(日本)和西洋(欧美)的法律传统。法律职业者们所学和所用的是西方的法典,而要解决的则是中国社会本身的问题。

　　不可否认,近代以来的西方法律是摆脱人身依附关系及倡导民主与法治的先行者。因此,对它不应当亦不可能漠然对待,更不能简单地予以排斥。不过,在东西方有重大差异的法域,法律职业者生搬硬套西方的法律理念处理中国的问题,就意味着粗暴地对待了中国的社会。另一方面,当法律职业者们这样做的时候,又没有真正弄懂西方法律制度得以建立的法律理论,这又粗暴地对待了西方法律。中国学习西方法律已是历经百余年的不争事实。现今,法律制度的趋同化与各民族法律个性的减弱,是法律发展的一般模式。面对此种时代的大趋势,我们要做的不仅仅是要建立现代的法律体系,更重要和更深层次的在于弄清作为西方法律制度底蕴的法律思想。换言之,法律的研究和运用,只停留在法律制度的建立及相关资料的整理和解释上是远远不够的,而应该是法律规范与法律精神的统一。善于从法律制度中寻找法律的精神,从法哲学的抽象中探取法律实践所隐含的意义,才是中国法律职业者的共同任务。

从中西法律制度借鉴的角度看,我们更多地移植了西方的法律制度,而对西方法律精神则关注不足,主要表现在没有把握到西方法律的精髓。只有法律制度的引进,没有法律思想的参详,如同只有计算机的硬壳而无计算机的软件;没有法律的思想而实施法律的制度,那么法治的运行便成为无从谈起的问题。理解、消化和应用西方法律制度中所包含的法律理论,是我们继续和深化法律现代制度的紧迫任务。正是基于这样的考虑,我们决定编写一套西方法哲学家的学术传记丛书。

西方法律思想存在于西方法哲学家的脑子里,表现在他们各具特色的个人生活之中,物化于他们的法律著作之内。每个法哲学家的思想各不相同,但是同一时代的一批法学家则代表了那个时代的法律思想文明。同样,每个时代法学家的思想也各不相同,存在着主流与非主流甚至逆流的思想观点的交叉与对立。几千年西方法律思想家的理论传承,构成了西方法律思想史的全景。基于这样的认识,本套丛书的着眼点是法学家个体。通过每个法学家独特的经历、独特的思考和独特的理论,我们能够把握西方法律传统的精神和品质。

今天,我们正在建立和完善中国特色社会主义的法律体系。这首先就要求有充实而有效的中国特色社会主义法律理念。中国特色社会主义法律理念要在马克思主义法律观的指导下,广泛借鉴古今中外的法律精神遗产,尤其要"立足中国,借鉴西方"才能达成。

　　是为序。

吕世伦　徐爱国

2008 年 12 月

# 目　录

# 导　言

　　小奥利弗·温德尔·霍姆斯（Oliver Wendell Holmes, Jr.，1841—1935）是西方法律思想史上一位伟大而浪漫的、博学而智慧的、理性而雄辩的法理学家与思想家，也是美国联邦最高法院历史上"最伟大的异议者"和最伟大的大法官之一，甚至被誉为"英语世界的历史上最伟大的法学家和法律学者"。霍姆斯不仅经历了美国历史上——甚至是世界历史上——一个伟大的变革时代，而且始终将自己置身于美国法律界与法学界的风口浪尖之上。同时，由于本人的性格与气质，霍姆斯接触了诸多的思想家与社会活动家，与之进行频繁地思想交流，并对他们的思想进行了深入的思考，在长期司法实践中逐渐形成了自己的独特法哲学思想，进而影响了整个美国法律思想的发展脉络。霍姆斯的法理学思想主要体现在他的经典法学著作《普通法》和诸如《法律的道路》、《自然法》等一系列著名演讲或评论、法律意见（特别是反对意见）以及与友人——诸如波洛克（Frederick Pollock）、拉斯基（Harold Laski）、法兰克福特（Felix Frankfurter）、吴经熊等人的私人通信之中。

　　从1882年任马萨诸塞州最高法院法官到1932年从美国联邦最高法院退休，霍姆斯经历了近五十年的法官职业生涯。除了美国历史上著名的约翰·马歇尔（John Marshall）大法官之外，在对美国法律史的演进方面，几乎没有其他的美国法官能够超越霍姆斯大法官。在长期的司法实践与对基本法律问题的恒久思考中，霍姆斯逐渐形成了自己独特的法理学与司法哲学。正是霍姆斯这种源于实践的法律哲学理念，对于美国法理学以及司法实践产生了现实而深远的影响。

19世纪末到20世纪初，是美国法律——也是美国历史——发展中的一个极为关键的转折时期。因为先前诸多世纪占据主流的哲学思想支配着整个美国社会的方方面面，而有影响的思想家们则通过对主流思想的批判，预见到了美国未来发展的主题。霍姆斯大法官就是此类有影响的思想家之一。至少在英美法理学家与法律史学家眼中，霍姆斯大法官已经成为了20世纪第一流的预言家与思想家。霍姆斯不仅奠定了美国本土法理学的哲学基础，而且还意义深远地影响了美国现代法律思想的演进与发展，正如卢埃林所言，霍姆斯"将美国法引向了未来"①。

本书正是试图从霍姆斯的个人生平与学术背景、法律思想的形成与发展、基本的普通法理论、法律预测理论、司法实践中的法律意见、与其他著名大法官、思想家或者哲学家的比较；其法理学的历史地位及影响等几个维度，以期尽可能接近全面而真实地诠释霍姆斯大法官的法理学与法律思想。

---

① K. N. Llewellyn, Holmes, 35 Columbia Law Review 485,490(1935).

# 第一章　生平与学术环境

　　如果一个人在一生中从未经受过打击的话，那么他就不可能从多年来已经适应的艰苦困境中感受到痛苦。一般而言，我们通常最喜欢和最尊敬的东西都是由早年的回忆所决定的。我喜欢花岗岩和伏牛花丛，无疑，是因为在过去的漫长的生命岁月中，回忆里的快乐时光都是与它们在一起的。①

——奥利弗·温德尔·霍姆斯

## 一、新英格兰的年轻"贵族"

　　奥利弗·温德尔·霍姆斯降生时，当时的美国社会与智识界束缚着他同时代的人。但是，新英格兰世界最优秀的素质依然清晰地体现在他身上。在霍姆斯的一生中，保持了一种最优秀的新英格兰贵族所具有的完美特性。

　　霍姆斯的父亲不仅是一位真正的文人雅士、"早餐桌上的独裁者"和"灯塔街的智者"，也是一位著名的内科医生和医学专家。② 霍姆斯的家族可以追溯至美国早期殖民时代，在其家

---

　　① Holmes, The Natural Law, 32 Harvard Law Review 40（1918）；中译文参见［美］霍姆斯：《自然法》，载《法律的生命在于经验——霍姆斯法学文集》，明辉译，清华大学出版社2007年版，第176页。

　　② 奥利弗·温德尔·霍姆斯（1809—1894），霍姆斯大法官之父，美国著名文学家、诗人，曾经担任哈佛大学医学院解剖学教授。

族当中，早期加尔文主义①的宗教信仰已转变为一种公众服务意识，对智识价值的关注则转变为一种对智识自由与公民自由的关注。正如在这一英格兰贵族家族中，早期参加玫瑰战争的经历后来又使其进入国会和公民服务之中。霍姆斯对其祖先具有鲜明的自豪感。在哈佛大学班级录的个人简历中，霍姆斯写道："我的全部三个名字表明了我所渊源的三个家族。"关于其对自己的概述，霍姆斯还谈到了另外一点，就是他"不相信在这些大学的个人记录中存在奔放的感情"②。然而，值得注意的是，他既感觉到了这种情感，又意识到必须抑制这种情感。

**老霍姆斯（1809—1894），美国文学家、诗人和医学教授**

霍姆斯于 1841 年 3 月 8 日生于美国的波士顿（Boston）。19 世纪中期，波士顿尽管还不到 10 万人口，却已经成为新英格兰地区的商业中心和美国的文化中心。新英格兰地区的主要商业活动涉及贸易、造船、运输和丝织业等。几乎所有的美国年轻人都将目光投向了这个充满生机与活力的地区。

---

① 加尔文主义，即约翰·加尔文的宗教教义，强调上帝是万能的，以及仁慈上帝对人的超度作用。

② Holmes, Autobiographical Sketch, in Max Lerner ed. , The Mind and Faith of Justice Holmes：His Speeches, Essays, Letters and Judicial Opinions, Boston：Little, Brown and Company, 1945, p. 7.

正是处如此环境之下的波士顿和新英格兰,成为了霍姆斯生于斯长于斯的社会背景。他的父亲老霍姆斯被帕林顿(Parrington)称为"灯塔街的智者"。老霍姆斯的研究领域涉及法学、神学以及医学,并且成为当时引人注目的智者、时代的神喻者和睿智的诗人。也正是在这样一位父亲的影响与熏染之下,幼时的霍姆斯已经开始逐渐融入美国当时最优秀的知识群体之中。西奥罗·帕克(Theodore Parker)与温德尔·菲利普斯(Wendell Phillips),是这一时期宗教和社会启蒙运动的中心人物,同时也是老霍姆斯的朋友,他们无疑影响了霍姆斯的思想。此外,拉尔夫·沃尔多·爱默生(Ralph Waldo Emerson)①也是霍姆斯家的客人。此时的霍姆斯并未受到改革骚动的影响,并且在社会正统信仰的庇护之下慢慢成长起来。

少年时期的霍姆斯在所有的活动中都表现得极为活跃,但并未显示出非凡的聪慧。这时,他学习了有关波士顿诸多方面的知识。他在匹兹菲尔德(Pittsfield)度过愉快的暑假。作为新英格兰优美景色的象征,利诺克斯(Lenox)的茵茵绿草与波克夏(Berkshire)的巍巍群山,给霍姆斯儿时留下了深刻的印象——"我喜欢花岗岩和伏牛花丛,无疑,是因为在过去漫长的生命岁月中,回忆里的快乐时光都是与它们在一起的"②。或许仅仅是基于一种好奇心,少年时期的霍姆斯还给自己买来一些蚀刻工具,然而,作为一种业余爱好,潜移默化地形成了一种对于艺术的独特品味,后来竟然成为其始终专注的爱好之一。

霍姆斯早年所受到的教育完全是一种知识阶层贵族式的教育。最初,他进入迪克斯威尔(Dixwell)先生——后来成为了他

---

① 拉尔夫·沃尔多·爱默生(1803—1882),美国著名作家、哲学家和美国超验主义的中心人物,他的诗歌、演说,特别是他的论文,例如《论自然》(1836年),被认为是美国思想与文学表达发展的里程碑。

② Holmes, The Natural Law, 32 Harvard Law Review 40(1918);中译文可参见[美]霍姆斯:《自然法》,载《法律的生命在于经验——霍姆斯法学文集》,明辉译,清华大学出版社2007年版,第176页。

的岳父——的拉丁学校，主要接受拉丁语和希腊语的教育，还学习数学、法语等，但却没有关于现代历史和自然科学的课程，也没有涉及社会研究。尽管在这一时期里，霍姆斯的成绩很一般，但他却已经开始接触一些西方的经典著作。他的怀疑主义思想似乎可以在索尔斯坦·维布伦(Thorstein Veblen)①的《闲暇阶层的理论》的一些章节中寻找到些许痕迹，那些章节就曾谈及那时充满生机与活力的年轻人所受到教育中的僵化语言以及背后的思想。但是，由于对那些经典著作持有一种完全怀疑的态度，故而在后来的著述中，霍姆斯将这些语言作为一种讽刺工具，像诸如马基雅维利(Machiavelli)②和孟德斯鸠(Montesquieu)③等那些早期的现实主义者一样，他将这一语言源自的文化用于他对于英美文化的某些洞察，并且又将这一资源用于其非常熟悉的古罗马斯多葛学派(Roman stoics)④的精神。

沿袭家族的传统，霍姆斯自然而然地走进了哈佛大学的校园，于1857年秋季注册为哈佛大学1861届的学生。哈佛大学是当时美国最优秀的大学，正在唤醒着美国科学的黎明。19世

---

① 索尔斯坦·本德·维布伦(1857—1929)，美国经济学家，曾经描述了商品供给和创造利润之间的根本矛盾。在他的代表著作《闲暇阶层的理论》(1899年)中，他杜撰了"夸耀性消费"这一短语。

② 尼克尔·马基雅维利(1469—1527)，意大利著名的政治思想家、外交家和历史学家，他的主要著作有《君主论》(1513年)、《论图斯·李维著〈罗马史〉前十卷》等。他不仅将宗教与政治法律分开，而且将伦理道德与政治法律分开。其政治法律思想全部建筑在现实的人性——自私自利的人性——之上，并主张通过建立君主专制政府，建立起一个统一的意大利的民族国家。

③ 孟德斯鸠(1689—1755)，法国启蒙思想家、哲学家和法学家，他的主要著作有《波斯人信札》(1721年)、《罗马盛衰原因论》(1734年)和《论法的精神》(1748年)。他认为，不是人类的法律确立了既存的一切，而是一切存在物都有自己的法；主张立法、行政、司法三权分立，相互制约。

④ 斯多葛学派是"希腊化时代"(公元前336年—公元前146年)形成的一个哲学流派，对于罗马哲学和法学的发展产生了深远影响。该学派认为，自然法是普遍存在和至高无上的法则，其效力高于人类领袖所制定的法律。故人类所制定的法律应当符合代表理性的、统治全世界的、永恒不变的自然法。

纪五六十年代的哈佛大学是一个不会受流行理论之风所左右的地方。在那个时期,哈佛大学里的 400 多名学生受到严格的管理,并且被迫对那些经典著作进行填鸭式的阅读。然而,霍姆斯的思想却在这种禁闭的空间里任意遨游。他似乎完全遗传了父亲的秉性,具有结交朋友的才能,生动谈论的能力,以及对于生命的热爱,这一切都自然而然地使其成为班级中出类拔萃的人物,他在学校第三年的成绩足以使其进入美国荣誉学生联谊会(Phi Beta Kappa)①。他对于文学、哲学和艺术都非常感兴趣,并且经常参加私人俱乐部、荣誉社团以及"自由主义的"基督教会的各种活动。此外,他还尝试编辑文学杂志,并且曾经撰写过一篇评论柏拉图(Plato)的获奖文章。在大学期间,他始终保持着对于蚀刻的兴趣,并且在大学杂志上发表了一篇关于阿尔布里奇·杜尔(Albrecht Durer)的文章。在那些早期的文章中,霍姆斯怀着一种真诚的态度希望读者是为了文章中的思想而不是文章的作者来阅读他的文章。

尽管霍姆斯过着一种淡泊宁静、与世无争的生活,但是,仍然无法避免诸多外界思想的冲击和社会力量的碰撞给他带来的强烈影响,并且在一定程度上,他也对这些外界的冲击与碰撞作出了相应的反应。当霍姆斯读大学时,达尔文(Charles Robert Darwin)②发表了他的《物种起源》(The Origin of Species),他的"物竞天择"与"适者生存"的生物进化理论成为社会争论的焦点。正如霍姆斯后来提到的,在达尔文之前,马尔

---

① 美国学生荣誉联谊会(Phi Beta Kappa)是一个民间荣誉团体,成立于1776年,主要由大学在校学生和毕业生组成,其入选的会员均需要具有较高的学术或者科研水平。

② 查尔斯·罗伯特·达尔文(1809—1882),英国博物学家,生物进化论的创立者,他的代表著作是《物种起源》。

萨斯（Thomas Robert Malthus）①同样也意识到，这一有限的狭小生存环境始终不可避免地将如此众多的生物体——当然包括人类自身——推向死亡的边缘。

**托马斯·罗伯特·马尔萨斯（1766—1834），英国经济学家**

因此，霍姆斯很早就形成了关于死亡与斗争的思想，而他后来对于这两者及其相互关系的专注至少可以追溯至这一时期的思考与影响。在哈佛大学校园之外，在美国的北方与南方之间，在两种经济和生活观念之间，存在着一种"无法抑制的冲突"的紧张状态，霍姆斯和他的同学们均感受到了日益迫近的战争阴影，并且试图以他们不安的方式穿透这笼罩着他们自身的黑暗。在三十年后，霍姆斯于一篇题为《军人的信仰》②的演讲中回忆道，他似乎已经隐约看见这场战争的意义——"战争与痛苦依然是人的运命"，"生命的抗争是世界的规则，在此，烦恼只是徒劳"。③

---

① 托马斯·罗伯特·马尔萨斯（1766—1834），英国经济学家，他的主要著作有《人口论》（1798 年）等。在《人口论》中，马尔萨斯主张，人口的增长比食物供应的增长要快，除非对人口的增长通过道德的约束或战争、饥荒和瘟疫加以抑制，否则会导致不可避免的灾难性后果。

② 一篇发表于 1895 年 5 月 30 日由哈佛大学毕业班召集的阵亡将士纪念日的演讲。

③ Holmes, The Soldier's Faith, in Max Lerner ed., The Mind and Faith of Justice Holmes, Boston: Little, Brown and Company, 1945, p.19.

## 二、战争与法律职业

霍姆斯的青少年时代是一个为奴隶制度深感不安的时期。他在 12 岁时就阅读了令美国大众振奋不已的《汤姆叔叔的小屋》。当他十几岁的时候,在霍姆斯家的街区,经常有逃亡的奴隶被捕、入狱、被审判,并且发生暴乱。1861 年 4 月,南部同盟军对萨姆特尔堡( Ft. Sumter) 发动了进攻,美国历史上著名的南北战争( the Civil War) 爆发了。就在战争爆发 12 天之后,作为一名哈佛大学四年级的学生,霍姆斯报名参加了美国联邦军。战争成为霍姆斯真正的大学和实践的场所。

**参加南北战争( 1861—1864 )的霍姆斯**

这场战争给霍姆斯留下了深深的印痕。正如他后来提到的,他知道,自己不得不"冒已确定无法生存的风险去投入那一时期的激情与事业"。在战场上,霍姆斯了解到现实生活是什么样的。就在其从马萨诸塞训练营奔赴前线之际,霍姆斯被任命为第一陆军中尉。"一天,"伊丽莎白·夏普雷( Elizabeth

Shepley)中士说,"当他手里拿着霍布斯①的《利维坦》(Levia-than)从灯塔山走下来时",霍姆斯得知了他的任命。在 1861 年 10 月 21 日的布尔斯悬崖(Ball's Bluff)战役②中,霍姆斯胸部受伤,这次受伤在当时看来很有可能会致命。但是,最后结果证明它错过了心脏和肺,他不得不离开了战场。霍姆斯刚一康复,就又回到了前线。在 1862 年 9 月 17 日安提塔姆(Antiet-am)战役中,第二十步兵团发现自己被南方同盟军所包围,不得不在大量伤亡中撤退。然而,那时已是一名上尉的霍姆斯再次负伤,这一次,子弹穿过了他的颈部。结果,他不得不在波士顿再次度过康复期。霍姆斯于 1862 年 11 月康复后第三次回到了战场。1862 年 12 月,他参加了伯恩赛德(Burnside)将军指挥下的弗雷德里克斯堡(Fredericksburg)战役。1863 年 5 月 3 日,在胡克(Hooker)将军指挥下的联邦军队在弗雷德里克斯堡附近进行了第二次战役。在那儿,霍姆斯被一枚弹片击中了脚后跟,这次负伤将霍姆斯再一次送回了波士顿。1864 年 1 月,霍姆斯在伤势痊愈后重返部队,被任命为赖特(Wright)将军的副官。之后不久,他又担任了监督执行官。林肯(Lincoln)总统曾经赴史蒂文斯堡(Ft. Stevens)视察战役,当他将自己暴露于炮火中时,霍姆斯对这位总统说:"趴下,你这个白痴。"在 1864 年 7 月 17 日从军队退役时,霍姆斯已经成为一名陆军中校。

在这场战争中,霍姆斯形成了一种对于目标的信仰,即使并不完全理解,但却贯穿着整个战役。作为一名亲历这场战争

---

① 托马斯·霍布斯(1588—1679),英国政治哲学家,他的主要著作有《利维坦》(1651 年)、《论公民》等。在《利维坦》中,通过描述人的自然本性及其自然状态下的自然权利,霍布斯论述了渴望和平与安定生活的共同要求迫使人们出于理性,通过订立转让部分自然权利的契约而创建了国家。

② 布尔斯悬崖战役,又称"哈里森岛之战"或"里兹堡之战",1861 年 10 月 21 日爆发于弗吉尼亚州劳登县(Loudoun County),是美国南北战争初期由联邦军队总司令乔治·B.麦克莱伦(George B. McClellan)少将在弗吉亚北部指挥的战役之一,最后以联邦军队的失败而告终。美国著名作家赫尔曼·梅尔维尔(Herman Mel-ville)曾经于 1866 年发表诗歌《布尔斯悬崖——一场噩梦》,以纪念此次战役。

托马斯·霍布斯(1588—1679),英国政治哲学家

的英勇的军人,霍姆斯根本无法忘记这些刻骨铭心的经历,不仅仅是因为战争残酷地夺去了战友的生命,更重要的是,他得以在战争中检验自己的信仰:

> 文明世界的多数人一致同意宣布,我带着我的思想正在通往阴间的途中,我对此反思,提出一些令人讨厌的不同想法。或许,第一个冲动是怯懦的,但后来我说"啊,不管怎样,我死得壮烈。我在尽心尽力执行任务时,我胸部中弹——害怕吗?不,我很自豪"。之后,我想我没有犯临终改变信仰之罪。我和父亲曾谈论过这个问题,并且都认为,临终改变信仰只是向恐惧屈服的胆怯行为。此外,我想,如果我想改变我就能改变我的信仰吗?死亡的方式改变我的信仰了吗?对此,我回答——没有——然后,来讨论我的哲学,我要在黑暗中跳跃,但现在我依旧相信无论发生什么都是最好的,因为它与基本法则相符:善和普遍(还有基本法则)在宇宙中是近义词……复杂的力量造就了复杂的我,但是在我死后,它们会自动还原成简单的形式吗?如果

没有来生,我的守护神还会拍打着翅膀前行吗? 我说
不清,但所有这些也是毫无疑问的——"如果我错了,
请上帝宽恕我"。①

从战场回来之后,霍姆斯缄口不谈他的战争经历,并且始
终没有谈过,而此时,他不得不重新开始面对职业选择的问题。
他对于哲学的兴趣根本无法构成职业哲学家的全部所需因素;
他曾经尝试过蚀刻,但是认为自己不够优秀;文学生涯仅仅有
可能成为他的一种业余爱好,却无法成为直接目的之所在。于
是,在经过选择之后,霍姆斯决定,将法律作为他新的战场。

霍姆斯于 1864 年重返哈佛大学,并且选择进入法学院学
习法律,然而,此时的哈佛大学并未处于其历史上最伟大的时
期。仅仅有几位霍姆斯所喜爱的教师,在法学院的日常教学
中,主要是三位年老的律师进行教条的法律授课。由此可见,
此时的哈佛大学根本无法与兰德尔(Langdell)和埃姆斯(A-
mes)时代的哈佛大学相提并论,并且"案例法"尚未被介绍至哈
佛大学。在哈佛法学院的霍姆斯学习非常刻苦。在这段时间
里,他经常和威廉·詹姆士(William James)、查尔斯·皮尔斯
(Charles Pierce)、约翰·奇普曼·格雷(John Chipman Gray)以
及其他一些年轻人,在他父亲家中举行聚会。在这些聚会中,
这群年轻人喝着威士忌酒,伴随着几缕从烟管中缭绕而出的青
烟,谈论着关于人生与现实的深刻命题。正是这些年轻人的聚
会形成了美国哲学史上著名的"形而上学俱乐部"(The Meta-
physical Club)。经过 18 个月的学习,并且未经任何考试,霍姆
斯于 1866 年 1 月从哈佛法学院毕业并获得了学位。

在从哈佛法学院毕业之后不久,霍姆斯便带着几封他父亲

---

① 转引自[美]路易斯·梅南德:《哲学俱乐部:美国观念的故事》,肖凡、鲁帆
译,江苏人民出版社 2006 年版,第 29~30 页。

的老朋友约翰·洛斯罗普·马特利(John Lothrop Motley)①写给约翰·斯图尔特·密尔(John Stuart Mill)②和托马斯·休斯(Thomas Hughes)③的信件,开始游访英格兰。

**弗雷德里克·波洛克(1845—1937),英国法学家**

在经过短暂游访之后,霍姆斯回到波士顿,并且于 1867 年取得律师执业资格,进入了一家律师事务所,开始了他的法律职业生涯。作为一名见习律师,他认真而努力地工作了 3 年,却并未获得什么成功。然而,人生的际遇似乎总是如此令人难以捉摸,当未能在律师职业中实现自身价值时,他却在法律学术领域中得到了意外的收获。或许是因为当时哈佛大学的年

---

① 约翰·洛斯罗普·马特利(1814—1877),美国历史学家和外交家,他的主要著作有《荷兰共和国的兴起》(1856 年)。

② 约翰·斯图尔特·密尔(1806—1873),英国哲学家及经济学家,尤以其对经验主义和功利主义的阐释而闻名,他的主要著作有《逻辑体系》(1843 年)、《政治经济学原理》(1848 年)和《妇女的从属地位》(1869 年)等。

③ 托马斯·休斯(1822—1896),英国法学家、改革家,他的主要著作有《汤姆·布朗的学生时代》(1857 年)。

轻校长查尔斯·埃利奥特(Charles Eliot)偏爱霍姆斯科学的怀疑主义态度,1870年,未满30岁的霍姆斯竟然成为了哈佛大学的一名宪法学讲师,此时,他的法律学术水平似乎得到了某种程度的认可。同年,霍姆斯在《美国法律评论》发表了一篇题为《法典与法律编制》(Codes and the Arrangement of Law)的学术论文,而正是这篇文章使得他成为了这个美国权威法律期刊的一名编辑。在这里,他又工作了3年。这份工作使得霍姆斯有机会阅读大量的盎格鲁—美利坚和欧洲大陆的法律文献,并且通过撰写一些关于当前案件的评论,他能够得以集中精力对法律进行冷静的思考与深入的研究。1873年,霍姆斯编辑了第20版肯特(Kent)的《美国法释义》(4卷本),并且撰写了相当规模的读书笔记与研究心得。1872年,霍姆斯与范妮·迪克斯维尔(Fanny Dixwell)结婚。1874年,霍姆斯携夫人一起第二次赴欧洲旅行。在欧洲,他们遇到了另外一对新人弗雷德里克·波洛克(Frederick Pollock)和他的妻子。这两个年轻人均对法律和法律史颇感兴趣。正是在这样的偶遇之后,竟然开始并延续了一段将近60年的交往与友谊。

霍姆斯似乎得到了上帝的特别眷顾和赐予的所有"礼物"。他拥有一副英俊潇洒的外表,敏锐聪慧的头脑,伟大的家族传统,迸发警句的天赋,优雅睿智的语言,杰出的战争经历,欧洲的"愉快旅行",独特的哲学知识,一种自负及对其自身命运的判断力。在具备这些内在品质的同时,霍姆斯还在大学里教学授课,撰写评论文章,阅读英国年鉴,因而,有机会得以深入反思关于法律史的资料以及法律制度与文化的关系。

在19世纪80年代初期,霍姆斯开始转向他所喜爱的法律教育、学术和评论的职业生涯。1880年至1881年的冬天,霍姆斯应邀在洛厄尔(Lowell)学院进行一系列演讲,并且选择"普通法"作为一系列演讲的主题。此时,霍姆斯的法律思想开始统一起来,并且在一定意义上逐渐形成了自己的体系。他的这一系列演讲被整理汇集成《普通法》(The Common Law)一书,并

**得到上帝眷顾的霍姆斯**

且于1881年出版,很快便在盎格鲁—美利坚法理学界引起了巨大反响。可以说,此时的霍姆斯和他的《普通法》开创了一个英美法律思想的全新时代。同时,这也帮助他于1882年成为了哈佛法学院的教授。在哈佛法学院,他第一次认识了后来成为其在美国联邦最高法院同事的布兰代斯(Brandeis),而当时的布兰代斯也仅仅是一位年轻的讲师。然而,就在霍姆斯刚刚走上哈佛法学院的讲台之后,提名他就任马萨诸塞州最高法院法官的要约随之而来。在后来的一次演讲中,霍姆斯曾经清楚地谈到了这件事:"夏塔克(Shattuck)来告诉我,如果我同意的话,一个小时之后,[马萨诸塞州]州长将会把我的法官提名提交给议会。这是一个改变我整个人生轨迹的幸运时刻。"尽管那是一个极富戏剧性的瞬间,但事实证明,这的确对霍姆斯的法律职业生涯产生了重大而深远的影响。

霍姆斯在两种职业——教授与法官——之间根本没有任何犹豫。因为他在接受哈佛大学教授职位时,就早已作出约定,他将自主地随意决定是否接受法官的任命。在与其同事夏塔克商量之后，霍姆斯选择了马萨诸塞州最高法院法官的职位。

## 三、大法官与伟大的异议者

1882年11月，霍姆斯被任命为马萨诸塞州最高法院的法官，这时他已经步入不惑之年。在该法院全体法官的合影照片中，作为一名新成员，霍姆斯坐在最左边。与其他人相比，霍姆斯看起来似乎更像是一个年轻小伙子。这是一个由颇为年长的法官所组成的法院，在霍姆斯任命之后的10年间，因各种原因更换了社名法官。霍姆斯具有非凡的交友天赋，并且极为尊重他人的人格，即便在他人的观点与自己相左之时，依然如此。当他的同事去世的时候，霍姆斯几次被邀请发表纪念性演讲，他所作的演讲极具品位与远见。有人甚至认为，事实上，这些纪念性演讲中的某些篇章可能会比它们的主题影响更为深远。

霍姆斯(1900年2月28日)，马萨诸塞州最高法院大法官

霍姆斯生活在一群非常活跃的朋友的中心，而且他还遗传了他的父亲能言善辩与热爱生活的秉性。然而，颇为值得注意的是，霍姆斯对于法官的正当行为却相当谨慎。欧文·威斯特(Owen Wister)曾经谈及，霍姆斯圆滑却又坚决地拒绝陪他去酒

吧喝酒,因为"不知何故,我无法赞同我们的法官在饭店、酒吧和沙龙饮酒聊天的观念"。从霍姆斯45岁时的一张照片上看,他极为英俊,非常清瘦,头发灰白,在"两位出色的聆听者——两位漂亮的女士"的鼓励之下,可以整个晚上精彩地高谈阔论。在此后十几年间,霍姆斯曾经多次赴英格兰旅行。在这段时间里,霍姆斯先后失去了他的母亲、兄弟和姐姐,只留下他的父亲孤身一人。于是,霍姆斯和他的妻子一同搬回到老房子居住,陪伴着他的父亲,直到老霍姆斯于1894年辞世。1899年,首席大法官瓦尔布里奇·菲尔德(Walbridge Field)先生去世,霍姆斯遂被任命为马萨诸塞州最高法院首席大法官,并且担任这一职务直至他进入美国联邦最高法院。这一切似乎都是自然而然的。

**马萨诸塞州最高法院全体法官(1899—1902)**

[从左至右:John Wilkes Hammond, John Lohtrop, Marcus Perrin Knowlton, Oliver Wendell Holmes, Jr., James Madison Morton, James Madison Barker, William Caleb Loring]

　　如果说,霍姆斯在马萨诸塞州最高法院1882年至1902年的任期是他一生中鲜为人知的阶段之一,然而,这一时期却也是他人生中最重要的阶段之一。这一时期包括了霍姆斯从40岁至60岁的这二十年,而在这二十年里大多数人已经形成了成熟的或者无从改变的思想脉络,并且已经作出了创造性的工作或成就。在美国历史上,19世纪晚期,正是工业发展、政治混乱、文化浅薄的年代；也正是在这一阶段，商业组织结成了一种联合垄断的结构；这一阶段也是劳工觉醒的年代，共和党人占据优势、民粹党人和社会党人活跃的年代，也是放任自由盛行和工业精英层出的年代，也是"强盗巨商"和资本家权力巩固的年代，还是唯物主义价值观逐渐形成的年代。

　　霍姆斯意识到了这些现象与问题，但是，由于个人偏好和法官职责所限，他对上述现象与问题始终保持一种相当谨慎的态度。霍姆斯对于美国文化底蕴的浅薄特别敏感。这一时期，在几个纪念日演讲中，霍姆斯以一种近乎绝望的语气谈到了富人和致力于追求财富的法律同行们愚昧的价值观。但是，霍姆斯同样也看到了这时发生的其他一些事情。与古德金（Godkin）以及国家学派（Nation school）的自由主义者不同，他并未将商业和劳工组织的发展看成一种不可宽恕的罪恶，而是将两者作为社会发展中法律的组成部分予以接受。

　　总体而言，霍姆斯是一个极具贵族气质的人，他并不十分关心商业价值或者改革者的言论以及人道主义者的理想。当民粹主义、商会、社会主义发展并传播起来时，霍姆斯注意到了这些新现象与新思想，并且带着足够的好奇心去阅读有关这些现象与思想的著作。当其他人对这些给世界带来威胁的新事物感到恐惧或害怕时，霍姆斯却对它们颇具好感而并未杞人忧天。作为一位经济学家，他坚持认为，大多数改革运动并不是由于经济原因而发动的，而仅仅是一种戏剧性的简化而已。但是，作为一名法官，他却认为，凭借新的思想而在立法实践之路上设置障碍并非其分内之事。所以，在威奇兰诉冈特纳（Vegelahn v. Guntner）和普兰特诉伍兹（Plant v. Woods）的商会案件中，霍姆斯提出了他著名的反对意见。对于法律禁止市政对于煤炭和木材厂享有所有权，以及对妇女选举权的地方自由选举，他也持有异议。由于在劳工案件和涉及地方自治的案件中的异议，有些人认为霍姆斯是一个"共产主义者"。最终，霍姆斯还是依赖于美国传统的力量、社会实践中的自我平衡倾向和观念的竞争以及被他泛称为"种族"品质的内在力量。

此时,霍姆斯的名望与日俱增。尽管他著名的法律意见书主要是在宪法领域,但是,他每天大量的工作早已超出这一范围,而广泛涉及侵权、代理、契约、刑法领域。霍姆斯的裁决经常被其他法院所引用,关于他的文章也经常出现在法律期刊上。对于一个州法院法官而言,这是一份不同寻常的"礼物"。人们不知道,他是否无法容忍来自限制论坛的谈论;但却知道,当他运用其司法理念及哲学反对摆在其面前的疑难案件材料,反对同事们根深蒂固的观念时,对他而言,这些年正是一个经受磨炼和获得经验的阶段。

1902年,美国联邦最高法院贺瑞斯·格雷(Horace Gray)大法官从法院退休。此时,一般人可能都会认为,由于格雷是马萨诸塞州人,所以西奥多·罗斯福总统自然想找另一个马萨诸塞州人来顶替他。然而,事实似乎并非如此。① 据亚伯拉罕所言,

> 在所物色的人中,被罗斯福首先看中的是社会知名的小奥利弗·温德尔·霍姆斯,他是马萨诸塞州最高法院首席法官,还是波士顿的文人雅士、作家、编辑,并在哈佛大学执教。霍姆斯在马萨诸塞州法院供职二十年,还担任过三年首席法官。格雷在接受总统任命去最高法院之前曾任此职。在罗斯福的考虑中,霍姆斯来自格雷同一个州及其先前的司法职位这一点没有多大意义;他所关注的是这位颇有名望的共和党人的实际政治倾向。②

---

① 罗斯福在写给参议员洛奇的一封信中说:"要特别强调的是,我已经逐渐认识到,最高法院对我来说实在是太重要了,至于人选来自何方,那就根本无暇考虑了。"从而,罗斯福在四年之中将马萨诸塞州的两位公民送进最高法院,成为公开活动的记录上执行一种削弱地缘关系政策的第一位总统。参见[美]亚伯拉罕:《法官与总统》,刘泰星译,商务印书馆1990年版,第141页。

② [美]亚伯拉罕:《法官与总统》,刘泰星译,商务印书馆1990年版,第141页。

　　一方面,是具有卓越军事生涯的学者,另一方面,又是具有自由主义和历史主义倾向的政治家,这两者的完美结合深深地吸引了罗斯福,毕竟,他自己是认可这种结合的。更为重要的是,罗斯福被霍姆斯法律理论与实践能力和学识上的崇高声誉所吸引。此时,罗斯福正在陷入以反托拉斯法解散托拉斯的摇摆境地。作为一个根深蒂固的保守主义者,他深知,社会秩序要想得以维系,就不能回避这场暴风雨,而只能通过驾驭与控制它来予以实现。

**西奥多·罗斯福(1858—1919),美国第 26 任总统**

　　然而,障碍存在于霍姆斯曾经作过的一次演讲——关于约翰·马歇尔(John Marshall)的演讲①——之中。它无疑是霍姆斯伟大的演讲之一,也是其关于人的能力及其在历史中地位的最恰当的评判之一。但是,对于罗斯福而言,这看起来很危险。罗斯福非常欣赏马歇尔大法官对于国家权力的广义解释,并将其视为法官的恰当典范,"一位相信伟大政党纪律,并愿意延伸宪法以使国家可以沿着最宽阔的道路发展的宪法政治家"。罗

---

　　①　一篇题为《约翰·马歇尔》的 1901 年 2 月 4 日马歇尔就任美国联邦最高法院首席大法官 100 周年纪念日上的演讲。

斯福知道,霍姆斯是一个国家主义者,并且在此之前,曾经向洛奇(Lodge)入迷地描述过霍姆斯 1895 年赞颂军人品质的热情洋溢的演讲。但是,霍姆斯对于马歇尔大法官的评判却始终困扰着罗斯福总统。霍姆斯不仅仅将马歇尔看做一个民族英雄——"如果要用一个人物来代表美国法律的话,那么怀疑者和崇拜者同样都会无可争议地赞同,这个人物只能是一个人,那个人就是约翰·马歇尔",而且更愿意将马歇尔看做一个"社会神经中的伟大中枢,或者,换句话说,代表了历史运动中的战略要点,并且,他的伟大之处部分就在于他曾经置身于那里"①。

在写给洛奇的信中,罗斯福明确表示,在最高法院,他需要的是一个国家主义的政治家,能永远记住自己与政府部门中正尽力实现政府目的的作为其同事的政治家们的关系。罗斯福需要得到对于霍姆斯的确信——"我想要知道,霍姆斯法官完全赞同我们的观点,举例说,即赞同你的观点和我的以及格雷大法官的"。而参议员洛奇的回答则为罗斯福提供了这种确信:

> 人们普遍认为霍姆斯是"一位建设性的政治家","一位思想开放的宪法学家",也是一个由于"在感情上具有博爱精神"而受到赞扬的人。此外,他还具有"阶级的同情"——由于这个原因,他在波士顿开展律师业务时,招致诉讼人纷至沓来。他在反托拉斯问题和种族问题上的立场似乎无可非议。②

经过诸多仔细的调查与慎重的选择,最终,在得到马萨诸塞州参议员豪尔(Hoar)的批准后,罗斯福于 1902 年 8 月宣布

---

① Holmes, John Marshall, in Speeches, Boston: Little, Brown & Company, 1913;中译文参见[美]霍姆斯:《自然法》,载《法律的生命在于经验——霍姆斯法学文集》,明辉译,清华大学出版社 2007 年版,第 235、237 页。

② [美]亚伯拉罕:《法官与总统》,刘泰星译,商务印书馆 1990 年版,第 141～143 页。

了对于霍姆斯的提名,12 月,参议院以一个非常简短的程序通过了这项任命。于是,霍姆斯便于 1902 年 12 月 6 日正式成为了一位美国联邦最高法院大法官。

实际上,霍姆斯起初还有些犹豫,但由于他的妻子范妮极力支持,他后来才接受了这一任命。在华盛顿,霍姆斯夫妇很快就获得了极高的社会声誉,并且在白宫也得到了巨大的成功。不久,罗斯福总统与霍姆斯大法官之间的关系就非常融洽了。1903 年,霍姆斯一家住在华盛顿,并且经常出席白宫的宴会。无论在外面还是在家里,无论在政治上还是在学问上,霍姆斯似乎均一帆风顺而没有受到任何约束。然而,这仅仅是一种表面上的和谐,注定了只能是昙花一现。打破这种和谐状态的是,霍姆斯在 1904 年北方证券公司案(Northern Securities Company v. United States)①中的反对意见。② 尽管罗斯福对他寄予厚望,霍姆斯仍然在最高法院法官裁决中投票反对罗斯福政府,并且撰写了该案中两份反对意见书中之一份。罗斯福对此表示愤怒,"我制造了一个傻瓜,"据称,他叫喊道,"一位比那更有主见的法官"。

然而,罗斯福总统错了。霍姆斯有足够的勇气来反对这位总统,而这位总统只是在不久前才刚刚任命了他,并且给予了他大量的热情与个性。罗斯福在决定北方证券公司案的问题上一意孤行,过于专注,以致他在判断是什么影响了霍姆斯的抉择上显得有些鲁莽。

首先,罗斯福有些过于轻率。他鲁莽地采用其前任曾经运用过的隐含假定,至少从约翰·亚当斯任命约翰·马歇尔至美国联邦最高法院以来,并且在其写给洛奇的信中非常明确地表现出来那一假定。罗斯福将自己看成是力主破除传统的非凡

---

① Northern Securities Company v. United States, 193 U. S. 197,400(1904).

② 关于 1904 年北方证券公司案的案情简介以及霍姆斯大法官的反对意见,可以参见[美]霍姆斯:《法律的生命在于经验——霍姆斯法学文集》,明辉译,清华大学出版社 2007 年版,第 290～302 页。

人物,急切渴望一场反托拉斯运动的到来。他知道,在最高法院中有很多人反对他,然而少数方或许很容易就变成多数方。所以,他不愿任命一个或许会有意识反对他的法官到最高法院。正因如此,他才可以使政府的各个组成部分集中起来而成为一个统一的政府。其次,霍姆斯不是普通的法官,罗斯福也不是普通的总统。在某种程度上,霍姆斯比同时代任命的任何其他法官更具有一种固定的司法方法。在马萨诸塞州最高法院时,他已经显示出这一特性,如果这位总统仔细研究一下他在州法院时的法律意见书,便会很容易发现这一点。霍姆斯对于集中在"重大案件"上的各种"压力"——特别是"政治压力"——表现出极大的漠不关心,也表现出一种对于案件的严格法律剖析的慎重关注,一种让立法机构自行其是的倾向,一种避免将其经济哲学制定为法律规则并称之为"宪法"的老练——在那一时期,很容易用国家福利政策来证明他的基本观点。

但是,这并不意味着霍姆斯是一个极为谨慎的人,是一个穿透人类本性进入其体内的奥林匹斯山之神。如果罗斯福因为他曾赞扬司法自由放任主义,而依靠霍姆斯来完全改变对《谢尔曼法》(Sherman Act)的看法,那么就无法理性地认识到这一事实,即霍姆斯并不是奥林帕斯山神,而是一个哲学家,这两者是完全不同的。他的尊重立法机构的司法理念源自一个更为深奥的放任自由的哲学观念。当普通法上限制贸易的严格意义与这一哲学达成一致时,霍姆斯就形成了一种牢不可破的双重确信。罗斯福如果研究了霍姆斯在马萨诸塞州劳工案中的反对意见,那么他就应当可以预测到霍姆斯在北方证券公司案中的反对意见。如果考虑到霍姆斯的达尔文主义与承认宇宙对其限制的认识,那么就应当看到,这就已经清楚地对任何一位不顾一切实施反托拉斯法的总统提出了警告。对于霍姆斯而言,他不带任何对于所涉经济权力的现实情感来处理案件,因此,承认垄断和商会作为生命的组织与均衡的部分律法,这是自然而然的。霍姆斯源自约束商会的普通法原理历史的推理，是学术性的且极为精密。但是，其北方证券案异议的真正逻辑，根本不同于怀特（White）、富勒（Fuller）、佩卡姆（Peckham）法官的逻辑。那些持有异议的法官们均依赖于一种经济秩序的想象行事；罗斯福依赖于一种政治秩序的想象行事；而霍姆斯则依赖于一种哲学秩序的想象行事。因为，霍姆斯具有一个如此的坚定的信仰，所以他不会受到罗斯福的任何草率行为或强烈愤怒的干扰。

在这一时期，霍姆斯还进行了一项改革，就是聘用年轻聪明的法学院毕业生做他的法律助理。许多年轻的律师在实践与从事公共服务的过程中不断成长起来。至今，美国的大多数法官仍然坚持着这一做法——从各级高水平的法学院毕业生中聘请法律助理。

对于霍姆斯而言，美国最高法院的任命在其思想与奋斗的生涯中是一个可以达到顶峰的机遇。他曾经处理过成百上千的案件，然而，又将有更多的案件摆在他的面前。每一个案件都需要全心的勇气、敏锐的思维、明智的判断，以及在创造恰当语辞上狡猾的手腕。

进入美国联邦最高法院时，霍姆斯已经 61 岁了。此时，在最高法院中，怀特与麦肯纳（McKenna）法官比他年轻一些，其余人至少都比他大 10 岁左右。这既非一个杰出的法院，也非一个进步的法院。在 19 世纪最后十年中，有着杰出司法经历的两位大法官——米勒（Miller）与菲尔德——均已辞世。首席大法官富勒是一个无足轻重的人，而在其他人中，只有怀特（White）、哈伦（Harlan）、布朗（H. B. Brown）大法官具有一些较为出众的能力。在这些人中，又只有怀特与哈伦大法官具有真正的地位与作用。除了哈伦之外，那些法官全部都是彻底的保守主义者，如果他们在对社会的看法上并不保守的话。

**20 世纪 20 年代的美国联邦最高法院全体法官**
（前排左起第二为霍姆斯大法官）

在霍姆斯最高法院的法官职业生涯中，有三个关键点：第一个是他在 1905 年洛克纳案中的反对意见；第二个是 1916 年布兰代斯大法官来到美国联邦最高法院；第三个是不久之后美国参加第一次世界大战，引起了大量的公民自由案件，而这些案件自 1917 年以来几乎占用了霍姆斯大法官近十年的时间。

随着 1919 年第一次世界大战的爆发，美国最高法院不得不面对一些新的问题。霍姆斯将和平看成是"在这个世界剧烈的无法遏抑的运动中一个狭小的安静空间"。在对于这场战争的看法上，霍姆斯并没有和其他人一样人云亦云。这部分是因为他的思维方式是连续发展的而非突变的，部分是因为他的批判思想总是试图权衡他所见到的身边的过激行为。一个人的一生具有一种富有挑战性的信仰，而在宣扬这种信仰上却如此节制，并对于对它的攻击如此谨慎，这一矛盾奇妙地发生在霍姆斯身上。

霍姆斯具有足够的修养，而不会让战争抹杀他对所知道的德国法律学者和历史学家的尊敬之情。但是，当美国面临抉择时，霍姆斯毫不犹豫，"在两类想要建立完全不同的两种世界的人之间,除了武力之外,我看不到任何的补救[方法]"。

对于经历过美国南北战争的霍姆斯而言,他并未将战争的实际经历理想化。在哲学上,他承认战争是其所谓的宇宙的组成部分之一,而且,他相信类似战争的运动与事业强化了这一结果,而"为一个种族的繁衍而付出的代价也适用于领袖与指挥官"。对于大多数人而言,这种观点似乎具有一种帝国主义的危险倾向。但是,霍姆斯更多地关注国家的团结而非征服。他认为,这场战争的经历再一次给予个人一种作为"一个不可思议的整体"之组成部分的感受。这是 19 世纪 90 年代的霍姆斯。然而,1913 年,在一次题为《法律与法院》的演讲①中,霍姆斯则表达了"一种老人的忧虑",就是"来自新民族之间的竞争将会比工人之间的争夺更为尖锐,并且将会检验我们是否能够一起并肩战斗下去"。②

## 四、奥林帕斯山神降临

随着年龄的增大,霍姆斯喜欢开玩笑地说,他是一个老人了。然而,在玩笑背后,实际上隐藏着一位伟大的法官认真而谨慎的思考,那就是,唯恐他在最高法院任职过久而失去本应胜任法官职位的洞察与判断能力。事实上,直到其任期最后,也没有任何迹象可以显示他的能力或力量开始衰竭,霍姆斯依然保持充沛的精力,依然没有任何改变,甚至在塔夫脱去世后仍然在最高法院工作了两年。在霍姆斯 87 岁生日——当时霍姆斯已成为曾在法院任职的美国法官中最年长者——之际,有这样一个故事:一位华盛顿调查记者在街道上开始进行调查,当他问一个在国会广场(Capital Square)上正在看体育专栏的

---

① 一篇题为《法律与法院》的 1913 年 2 月 15 日在哈佛法学院纽约协会晚宴上的演讲。

② Holmes, Law and the Court, in Speeches, Boston：Little, Brown & Company, 1913；中译文参见[美]霍姆斯：《法律与法院》,载《法律的生命在于经验——霍姆斯法学文集》,明辉译,清华大学出版社 2007 年版,第 243 页。

穿着工装裤的人,是否知道霍姆斯是谁时,那个人回答道:"霍姆斯? 噢,当然。就是那个在最高法院总是与那些老家伙意见不一致的年轻人。"

**奥利弗·温德尔·霍姆斯,美国联邦最高法院大法官(1902—1932)**

当然,面对人类无法抗拒的自然规律,霍姆斯也不得不保留与积蓄他的力量,特别是在 1922 年经过一次大手术之后。1929 年,他的妻子范妮去世。对他而言,似乎意味着生命即将结束。正如他在致吴经熊的一封信中所言,"你或许已经听说我妻子去世的消息了,她在带走我一半生命的同时,也给我留下了关心。……我低下头,深思,并且(正如前几天我告诉某人的那样)说,噢,宇宙——现在让你的力量安静地消散吧"。① 此时,霍姆斯的幽暗人生观更加显露无遗。他的这种幽暗人生观

---

① 霍姆斯致吴经熊的信(1929 年 7 月 1 日),载[美]霍姆斯:《法律的生命在于经验——霍姆斯法学文集》,明辉译,清华大学出版社 2007 年版,第 358 ~ 359 页。

或许可以从其对待生养子女的态度中得到最好的呈现与诠释。根据他的老朋友勒内德·汉德(Learned Hand)法官的回忆：

> 在他妻子死后，我们有时会一起坐在图书馆里。我不知道，我如何继续谈论这样一个如此涉及隐私的话题，但是，在某种程度上，这一问题被提出，并且我对他说："霍姆斯先生，你曾为你没有生养子女而感觉遗憾吗?"他说没有；他不看着我，等了一会儿，他非常平静地接着说(仍然不看着我)："这不是那种我希望带其他任何人走进的世界。"①

1931年，时值大法官霍姆斯先生九十华诞之际，荣誉与赞美从四面八方云集而来。1932年1月11日，当霍姆斯准备宣读一份法院的法律意见书时，他的声音开始有些发抖。当天下午，在法院准备开庭时，他摘下帽子脱掉外套，走到法律助理的桌前说："明天我就不再穿了。"当晚，他便向总统提交了辞呈。1932年1月12日，霍姆斯从最高法院退休。

在之后的晚年生活中，尽管霍姆斯无法再用手亲自写信，但他仍在秘书的帮助下，继续进行阅读并且仍然与学术界和司法界的新人保持着非常紧密的联系。综观其一生，即使在晚年，霍姆斯对于生命的热爱从未有丝毫消减，他安详地静候着死亡。在一封致友人的信中，他写道："波托马克河两岸的樱桃林依然壮美，但或许也已临近其生命的终点了。"②当死亡将至之时，霍姆斯引用一位1500多年前拉丁诗人的诗句来描述自己的心境："死亡敲打着我的耳朵，并且说，生命——我来了。"③

---

① 参见 Jeffrey O'Connell and Thomas E. O'Connell, From Doctor Johnson to Justice Holmes to Professor Laski, 46 Maryland Law Review 320(1987)。

② 霍姆斯致波洛克的信(1932年4月21日)，载[美]霍姆斯：《法律的生命在于经验——霍姆斯法学文集》，明辉译，清华大学出版社2007年版，第350页。

③ Max Lerner ed., The Mind and Faith of Justice Holmes, Boston: Little, Brown and Company, 1945, p.451。这句话源于1931年3月霍姆斯在其九十华诞举国庆贺会上的一次广播谈话之中。

1935 年 3 月 6 日,奥林帕斯山神降临,他随之而去。而两天后的 3 月 8 日,本应是霍姆斯大法官 94 岁的生日。

# 第二章　思想的渊源与生成

> 我此时所唯一关心的人就是霍姆斯，总体而言，这
> 是一个杰出且日益精进的家伙。他的思维或许过于活
> 跃与敏捷，但却如此悠闲而清晰地审视诸般事物，如此
> 优雅而美妙地与人侃侃而谈，使得与之相处即是一种
> 愉悦。①
>
> ——威廉·詹姆士

如果想较为全面而接近真实地认识与理解霍姆斯的法理学
与法律思想，就应当首先考察包括其道德、伦理、哲学理论在内
的整体思想状态；而要想理解他的全部思想状态，就应当厘清
他的思想与性格从幼稚走向成熟的生活与社会环境。如果上
一章已经简要介绍了霍姆斯成长的经历与环境，那么本章就意
在适当地介绍与分析霍姆斯所处时代的智识背景及其本人思
想与观念的形成与哲学基础。

## 一、智识背景

美国当时的历史与社会现状及其法律思想发展的历史脉
络，对于认识和了解一位形成于斯且成长于斯的大法官、法学
家的法律思想而言，至关重要。正如霍姆斯本人所言，法律"犹
如一面魔镜，我们看到其中所映射出的不仅有我们自己的生

---

① 威廉·詹姆士致托马斯·W.沃德的信（1866年3月27日），转引自 Catherine Drinker Bowen, Yankee from Olympus: Justice Holmes and His Family, Boston: Little, Brown and Company, 1944, p.219。

活,还有所有前人的生活"。①

霍姆斯的实用主义法律思想产生并形成于 19 世纪末至 20 世纪初,这一时期的美国在经济上飞速发展。1861 年,美国内战爆发。这场战争既维护了美国的统一,废除了阻碍社会生产力发展的奴隶制度②,同时,也建立了全国统一的市场,促进了资本主义工业的迅速发展。1865 年,持续了四年的美国内战的结束,为资本主义在美国的发展铺平了道路。战后,美国经历了与欧洲同期的工业革命,完成了从农业社会向工业社会的转型,迅速发展成为世界工业强国。美国工业生产从 1860 年的世界第 4 位跃居为世界第 1 位。这一时期在给美国经济带来长足发展的同时,也带来了一些前所未有的政治、经济和社会问题,导致了社会内部各种矛盾的激化,这些问题与矛盾的出现无疑深刻地影响了内战后美国包括法律思想在内的整个社会思想及制度的发展。在工业化时期,主导美国经济发展的意识形态是自由放任资本主义的思想。

在霍姆斯法哲学产生之前,美国并没有自己严格意义上的法哲学。但这并不意味着,在霍姆斯之前,美国没有法律思想可言。自然法思想在美国具有一定基础,肯特(Kent)、斯托里(Story)及马歇尔(Marshall)均具有各自独特的法律思想。然而,却没能形成一种明确意义上具有一定哲学体系或基础的法律理念。无论在理论思想上,还是在司法实践上,英国法的严格遵循先例原则对于美国法在产生深远的影响的同时,也深深地禁锢着美国法律思想的发展,而霍姆斯则正是在这一点上以反对派著称。因此,在面对自身社会产生的诸多问题、矛盾与

---

①　Holmes, Our Mistress, The Law, in Speeches, Boston: Little, Brown and Company, 1913;中译文参见[美]霍姆斯:《法律,我们的情人》,载《法律的生命在于经验——霍姆斯法学文集》,明辉译,清华大学出版社 2007 年版,第 186 页。这是霍姆斯于 1988 年 1 月 5 日在萨福特律师协会晚宴上发表的一篇演讲。

②　美国内战结束后至 20 世纪早期,众多的南部黑人处于经济上贫困、政治上无权、社会上受歧视的状态。除了名义上的自由之外,他们并未获得真正的解放。

冲突的时候,美国法学界急需形成并发展自己的法律思想及其理论。

从一定意义上说,"为美国独立而进行的斗争是一种法律斗争;或者说,它至少是以解决法律问题的名义发动起来的"①。独立战争爆发的主要原因在于,对英国宪法对于殖民地地位及其居民权利的确认的解释不同而引发的冲突。这种冲突具体体现在,北美殖民地抗议英王征税。然而,在对抗英国争取独立的斗争过程中,美国人却越来越依赖于普通法了,并且声称"普通法规定的权利是我们固有的权利,是我们继承的遗产"②。

自美国独立伊始,就具有了可以被称为"运用于美国的法哲学"的法律思想,即由托马斯·杰斐逊起草的《独立宣言》中所包含的自然法思想以及托马斯·潘恩的民主主义思想。然而,"美国人的法律是继承的,正如他们的语言和他们的政治制度一样"③。之后,在 1787 年《美国宪法》与 1791 年《权利法案》的制定过程中,汉密尔顿、麦迪逊与杰斐逊等人继承并发展了孟德斯鸠的"三权分立"学说与洛克、卢梭的"天赋人权"观念,并使之成为美国宪政制度的理论基石。而此时,美国的法哲学思想主要源自于 17、18 世纪欧洲的古典自然法学说,并对当时美国政治、社会的发展以及政治法律制度的形成具有非常重要的意义。但也正是在这一意义上,这种思想仍然无法被归纳为严格意义上的美国法律思想。

在 1881 年霍姆斯的《普通法》发表之前,美国人的法律思想及其理论始终追随英国人。英国法学家布莱克斯通(Blackstone)于 1765 年编写的《英国法释义》,曾经是绝大多数美国法

---

① 〔美〕施瓦茨:《美国法律史》,王军等译,中国政法大学出版社 1990 年版,第 5 页。

② 〔美〕施瓦茨:《美国法律史》,王军等译,中国政法大学出版社 1990 年版,第 12 页。

③ 〔美〕康马杰:《美国精神》,南木等译,光明日报出版社 1988 年版,第 528 页。

官审理普通法案件时的主要依据之一。"移植到美国的自然法学说就是那些整个 17 世纪和 18 世纪在英国和欧洲大陆居于统治地位并由杰出的布莱克斯通赋以权威形式的学说"。虽然,18 世纪末至 19 世纪上半叶,布莱克斯通的自然法哲学在英国受到功利主义和分析法学派的猛烈抨击,但在美国,却仍然被奉为不可动摇的理论权威。这些理论与学说"移植到美国之后就扎下了根并盛行起来,它们已在州和联邦的宪法中制度化,不仅具有神圣不可侵犯性而且具有永久性"①。

　　美国人在政治领域上是极具开创精神的,但在法律领域中却是极不相称的保守。霍姆斯曾经在 1897 年写道:"对于一项法律规则而言,现在竟然没有比亨利四世时期制定此项规则时更好的理由,这是令人厌恶的。"②随着这种占支配地位的法学保守主义而出现的是,对于法律至高无上地位的无比尊崇,"在西方各国人民中只有美国人使立宪制度成为一种宗教,使司法制度成为一种宗教规程,并使两者处于虔敬的气氛之中。他们使宪法成为最高法律,并使法院负起发挥联邦制作用的责任。结果最高法院几乎成为美国制度中神圣不可侵犯的组织机构"。③ 较早认识到联邦最高法院在美国宪政制度中特殊地位的人是亚历克西斯·德·托克维尔,他曾经断言:"美国的最高法院,不管从其职权的性质来说,还是从其管辖的受审人的范围来说,均远远高于已知的任何法院。……联邦的安定、繁荣和生存本身,全系于七位联邦法官之手。没有他们,宪法只是

---

　　① 　[美]康马杰:《美国精神》,南木等译,光明日报出版社 1988 年版,第 529 页。

　　② 　Holmes, The Path of the Law, 10 Harvard Law Review 457,469(1897);中译文参见[美]霍姆斯:《法律的道路》,载《法律的生命在于经验——霍姆斯法学文集》,明辉译,清华大学出版社 2007 年版,第 221 页。

　　③ 　[美]康马杰:《美国精神》,南木等译,光明日报出版社 1988 年版,第 531 页。

一纸空文。"①在谈及美国最高法院这一地位的确立时,人们可以忽视任何问题,但有一点是无法忽视的,即马歇尔大法官在1803年的马伯里诉麦迪逊案(Marbury v. Madison)中的伟大贡献。该案是确认最高法院审查国会立法是否违宪权力的最早判例。而该案所确认的理论仅仅是源自殖民地和独立革命战争经历的法律传统的组成部分之一。因为"宣布一项立法是否符合宪法的权力,是对法律起决定作用的司法职权合乎逻辑的产物",其意义之重大甚至使有的学者主张,"在马伯里诉麦迪逊案中宣布的司法审查已经成为我们宪法机器中绝对必需的部件,抽掉这个特制的螺栓,这部机器就化为碎片"②。

这种对于自然法思想的尊重,是争取美国独立和制定美国宪法的"美国之父们"思想的延续。自然法学遂成为19世纪以前美国法律界的权威理论,"强有力地控制着美国人的想象力,以致历史法理学的发展极其缓慢,而当历史法理学出现时,它不是取代自然法而是和自然法结合在一起"③。然而,作为英国历史法学派的主要代表人物之一,亨利·梅因(Henry Maine)④竟然认为,19世纪中叶,"采纳法国法或罗马—法国法的过程正在美国发生"⑤。而事实上,这时,普通法已被牢固地确立为美国法律制度的基础。的确,在19世纪前半叶,英美法经历了一场法典化运动。这场运动的主要倡导者之一是功利主义法学

---

① 〔法〕托克维尔:《论美国的民主》(上卷),董果良译,商务印书馆1988年版,第168、169页。

② 〔美〕施瓦茨:《美国法律史》,王军等译,中国政法大学出版社1990年版,第40页。

③ 〔美〕康马杰:《美国精神》,南木等译,光明日报出版社1988年版,第541页。

④ 亨利·梅因(1822—1888),英国著名的法理学家、法律史学家,他的主要著作有《古代法》、《古代制度史》和《古代法和习惯》等。

⑤ 〔美〕施瓦茨:《美国法律史》,王军等译,中国政法大学出版社1990年版,第16页。

的代表人物杰里米·边沁(Jeremy Bentham)①。他试图在普通法传统背景中将法律发展的关键环节从法官转移至立法者手中。但是,边沁毕竟仅仅是一位法律理论家而非立法者,而这一时期英美法典化运动中的主要实践活动家是戴维·达德利·菲尔德(David Dudley Field)②。然而,菲尔德的失败,最终确定了19世纪法律发展过程中法官与立法机构之间的相互关系与作用,从而使得美国法仍然主要依循普通法的进路继续向前发展。这一时期在英国和欧洲大陆形成了一种历史主义法学,该学派的主要代表人物是英国的梅因和德国的萨维尼(F. C. von Savigny)③。由于受欧洲历史法学派的影响,美国法学开始形成了一种关于法律自身发展的理念。19世纪末,历史法学派杰出的代表人物詹姆士·柯立芝·卡特在《法律及其起源、发展和功能》一书中主张,法律是从习惯和经历中产生出来并由法官发现和加以运用的一系列规律。但是,霍姆斯却对此持反对意见。他认为,在当时的美国司法实践中,法官很少提及自己的考量并且经常为此进行辩护,但那些考量却正是法律赖以吸取全部生命汁液的根源。

然而,无论英国与美国的背景与传统如何相似,将一种法律制度从英国原封不动地"移植"到美国,这种做法即使是一位加利福尼亚州的农夫也会认为是滑稽可笑的。因此,美国人对英国的普通法进行了适宜的改造,使之成为一种适合美国本土环境的更加充满生机与活力的法律体系。在这样的背景下,"契约自由"与"个人意思自治"成为了19世纪美国法的主要

① 杰里米·边沁(1748—1832),英国哲学家、改革者和作家,系统地分析了法律和立法,创立了功利主义学说,他的主要著作有《政府版论》、《道德与立法原理导论》、《司法证据的基本原理》和《法律概要》等。

② 戴维·达德利·菲尔德(1805—1894),美国法学家,以努力编纂纽约州法律和规范法庭程序著称。

③ 弗雷德里希·卡尔·冯·萨维尼(1779—1861),德国著名的法学家,他的主要著作有《论当代立法与法学的任务》、《中世纪罗马法历史》和《当代罗马法制度》等。

弗雷德里希·卡尔·冯·萨维尼（1779—1861），德国法学家

特征。

19世纪70年代，奥斯丁的分析实证主义法学经由哈佛大学法学教授兰德尔等人的阐释与发扬，开始进入美国法学界。但是，这种法学观点很快便与自然法哲学一起，遭到了以霍姆斯为代表的美国本土法理学的批判与拒斥。正从这个意义上，霍姆斯成为了第一位自觉运用实用主义观念与方法研究普通法的美国法理学家。

赫伯特·斯宾塞（1820—1903），英国哲学家

随着1868年美国《宪法》第十四条修正案在国会的通过，美国法律的重心从保护联邦权力转移到保护个人权利上来。

而这时,正是赫伯特·斯宾塞(Herbert Spencer)①将进化理论应用于人类社会并且得到普遍认同的时候。尽管霍姆斯在对洛克纳案判决的反对意见中指出,"[《宪法》]第十四修正案并未通过立法的形式确定赫伯特·斯宾塞先生的《社会静力学》(Social Statics)[中的理论]……《宪法》并不是为了体现某种特殊的经济学理论而设计的"②,但在当时的社会背景下,社会达尔文主义依然成为一种在美国社会中占据支配性地位的哲学思潮。在此背景下,法律达尔文主义已经渗透至美国法律秩序的各个方面,自由放任政策成为一切法律的试金石。正如布兰代斯大法官所言,"19世纪早期不完备的科学真理,如'适者生存',通过司法上的认可,被上升为一种道德法则"③。或许,梅因在《古代法》中的经典警句正好可以概括南北战争后这段时期美国法律发展的特点:"可以说,所有进步社会的运动,到此处为止,是一个'从身分到契约'的运动。"④历史法学理论是19世纪在美国居于支配地位的法律理论之一,其主要观点是:法律是被发现的,而不是被创制出来的;法律并不是良知的产物或者决定人类的意志;在法律领域中,正像在自然界一样,存在着一个进化的过程;法律的发展只能通过外部的干预加以阻止。⑤

---

① 赫伯特·斯宾塞(1820—1903),英国实证主义哲学家,他的主要著作有《社会静力学》、《社会学研究》等,试图将进化论运用于哲学、伦理学和社会学等领域。

② Lochner v. New York (1905)(dissenting), 198 U. S. 45,74(1905);中译文可参见[美]霍姆斯:《法律的生命在于经验——霍姆斯法学文集》,明辉译,清华大学出版社2007年版,第304页。

③ 转引自[美]施瓦茨:《美国法律史》,王军等译,中国政法大学出版社1990年版,第129页。

④ [英]梅因:《古代法》,沈景一译,商务印书馆1959年版,第97页。

⑤ 参见[美]罗斯科·庞德:《普通法的精神》,唐前宏、廖湘文、高雪原译,夏登峻校,法律出版社2001年版,第106~108页。关于英、德两国历史法学对美国法律思想的影响的简要介绍,亦可参见上书,第108页。

　　综上所述，我们大致可以看出一个从 18 世纪至 19 世纪后期美国法律思想发展的简单脉络，以此为路径，或许有助于读者走进这位伟大法律思想家和大法官的精神世界。

## 二、思想渊源

　　从霍姆斯的生平及其个人所处的历史背景之中，我们不难看出，与其成长相伴随的各种思想、学说、社会活动、文化传统对于他的思想与实践所产生的巨大影响。或许，厘清这些思想渊源的脉络，有助于我们理解他的法理学与法律思想，进而探究这位极富传奇色彩的大法官的精神世界。

　　霍姆斯在美国南北战争中身上常带着的一本书就是霍布斯的《利维坦》，因此，不难看出霍布斯对霍姆斯思想的影响。霍布斯在《利维坦》一书中，通过描述人的自然本性及其在自然状态下的自然权利，形成了一种独特的国家观，即人们在原始的自然状态下，渴望和平与安定的生活的共同要求，迫使人们出于理性，通过订立契约，转让部分自然权利，以组成国家，从而诞生了伟大的"利维坦"。霍布斯认为，自然赋予人们身心两方面能力上的平等，而这种平等就产生达到目的的希望的平等。因此，当两个人如果想取得同一东西而又不能同时享用时，彼此就会成为仇敌。无论目的是什么，为了达到"取得"这一目的，双方彼此都力图摧毁或征服对方。据此，霍布斯便得出这一结论："在没有一个共同权力使大家慑服的时候，人们便处在所谓的战争状态之下"，"这种战争是每一个人对每个人的战争"。然而，需要解释的是，这种"战争状态"只是霍布斯的一种假定，因为他也"相信决不会整个世界普遍出现这种状况"①。

　　由于思想深处的诸多不和谐因素，霍姆斯将人类社会看做是个人的集合体。在这个既相互独立又彼此竞争的社会状态

---

　　① 〔英〕霍布斯：《利维坦》，黎思复、黎廷弼译，杨昌裕校，商务印书馆1985年版，第 92～95 页。

之中,每个人都在为生存而奋斗,为明天而奔波,每个人都在乞求灵魂获得拯救。① 因此,霍姆斯总是倾向于将法律解释成美国人民过去与未来共同活动的结果,就好像这些人所组成的社会根本没有一个集体目的似的。霍姆斯相信一种斗争理论,而不是一种合作理论。在霍姆斯看来,一个国家就是一群原子式个人的巨大聚合物,人与人之间仅仅存在某种或者某些外部联系。②

　　在西方学者中,霍布斯最早明确表达了法律实证主义原理,从而为其努力将道德问题从法学领域中分离出来提出了一个清晰的理由,并且希望人们去遵守他们甚至认为并不公正的那些法律规则。朗·富勒(Lon Fuller)教授认为,霍姆斯从未阐明是什么促使他接受这种两分法,并且,因此而使我们理解起来尤为困难。然而,他认为,霍布斯的内战经历在年轻士兵中导致了一种对于服从的英雄主义的感伤情怀,而在成熟的哲学家中,却成为同样对于权威的盲目崇拜。③ 可见,霍布斯至少在年轻的霍姆斯心中曾经也是一个伟大的哲学海域上的"利维坦"。

　　功利主义是一场风行于 19 世纪英国的哲学运动,其影响波及北美大陆。边沁便是这场运动的主要倡导者和典型代表人物之一。一方面,边沁将"功利"定义为一种原则,即"按照看来势必增大或减小利益有关者之幸福的倾向,亦即促进或妨碍此种幸福的倾向,来赞成或非难任何一项行动"④,并且主张"最大多数人的最大幸福是正确与错误的衡量标准"⑤。在此基础上,

---

① 这似乎正是霍布斯的"自然状态"映射于 19 世纪的思想观念。

② 参见[美]亚历山大·米尔克约翰:《表达自由的法律限度》,侯健译,贵州人民出版社 2003 年版,第 51 页。

③ 参见 Mark DeWolfe Howe, The Positivism of Mr. Justice Holmes, 64 Harvard Law Review 529(1951)。

④ [英]边沁:《道德与立法原理导论》,时殷弘译,商务印书馆 2000 年版,第 58 页。

⑤ [英]边沁:《政府片论》,沈叔平等译,商务印书馆 1995 年版,第 92 页。

杰里米·边沁(1748~1832),英国哲学家

边沁认为,这种功利主义原则"为我们提供了我们需要的理由,只有这个原则不用依赖任何更高的理由。这个原则本身就是解决任何实践问题的唯一和完全充分的理由"①。在边沁看来,既然立法的根本目的在于"增进最大多数人的最大幸福",那么立法者在立法时就必须以全体国民的"快乐"为基准。于是,他将"快乐"分为四项目标——生存、平等、富裕与安全,因而法律的功用就是要"保存生命、达到富裕、促进平等、维护安全"②。另一方面,边沁明确反对自然法学说,并且主张法律是人定的。他认为,法律是主权者自己的命令或者为主权者采纳的命令的总和;法律是强加于公民身上的义务,如果公民反抗这一命令就要受到制裁。同时,边沁认为,法律与道德既有区别又有联系,也就是说,在本质、目的和内容上,法律与道德是一致的,并

---

① ［英］边沁:《政府片论》,沈叔平等译,商务印书馆1995年版,第158页。
② ［英］边沁:《立法理论》,转引自徐爱国:《再审视作为法学家的边沁》,载《华东政法学院学报》2003年第6期。

且都是以追求功利为中心的,而两者之间的差异仅仅在于形式和方法。

约翰·奥斯丁(1790—1859),英国法学家

　　正是在边沁及其功利主义思想的影响下,约翰·奥斯丁(John Austin)①创建了分析法学,并且阐述了自己的法理学理论和观点。霍姆斯最早接触奥斯丁的著作应当是1861年在哈佛大学读书的时候。霍姆斯早期在《美国法律评论》上发表的文章大多都留有奥斯丁影响的痕迹。奥斯丁是对边沁的功利主义笃信不移的忠实信徒,故而将"功利原则"几乎贯穿于他的全部法理学理论之中。② 奥斯丁将法律区分为"应当存在的法"

----

　　① 约翰·奥斯丁(1790—1859),英国著名的法理学家,他的主要著作有《法理学的范围》、《法理学演讲录》和《实证法哲学》等。
　　② 奥斯丁在创建其法理学时非常重视与强调功利原则,他认为,功利原则"一方面应该指导我们的行为,另一方面,在一般情况下,实际上也在指导着立法者。功利原则,不论是正确理解的,还是错误理解的,一般总是立法所要考虑的内容"。因此,在阐释他的法理学观点时,奥斯丁非常依赖于这种功利原则,甚至认为"如果不将功利原则直接摆在你们的面前,我就时常无法清晰地、准确地说明法律的内容,以及要义","我的目的,在于使你们对这一[功利]原则,获得一个一般性的理解,在于驳斥对该原则所提出的最为具体的反对意见"。参见[英]约翰·奥斯丁:《法理学的范围》,刘星译,中国法制出版社2002年版,第75页。

和"实际存在的法"，并且认为法理学研究的"真正对象"是"实际存在的由人制定的法"或者"政治优势者对政治劣势者制定的法"，而"不管这些法是好的，或者是坏的"①。同时，奥斯丁还将法律定义为：法律是主权者或者最高统治者向处于劣势或者隶属地位之人发布的命令，如果不服从这种命令就要受到国家强制力的制裁——法律就是主权者的命令。② 奥斯丁对自己的这个法律定义还是比较满意的，正如他所言，"尽管这个［法律］定义是不完善的，但是，它还是接近完善的……如果对我们前面提到的一些特殊情形忽略不计，那么，它是一个准确的定义"。③

关于奥斯丁以及分析实证主义思想对霍姆斯早期法理学观念的影响，弗雷德里克·罗杰斯·凯洛格（Frederic Rogers Kellogg）曾经说道："霍姆斯第一篇法哲学方面的文章④受奥斯丁分析法学较大的影响，他试图建立一个全面的解释性的法律体系。"⑤然而，在此之后，霍姆斯逐渐改变了这种试图构建一个完美法律体系的想法，因为他在深入的理论研究与司法实践中逐

---

① 参见［英］约翰·奥斯丁：《法理学的范围》，刘星译，中国法制出版社2002年版，第13、17、147、217页。

② 在这个意义上，奥斯丁显然受到了霍布斯的影响，因为他在论证"实际存在的由人制定的法"的基本特点与构成要素时至少两次引用了霍布斯的同一段话："立法者之所以具有最高权力，不是因为其具有首先立法的权威，而是因为其具有可以使一项法律继续成为法律的权威。"参见［英］约翰·奥斯丁：《法理学的范围》，刘星译，中国法制出版社2002年版，第218、364页。

③ ［英］约翰·奥斯丁：《法理学的范围》，刘星译，中国法制出版社2002年版，第374页。

④ 据推测，此处大概是指霍姆斯1870年发表在《美国法律评论》上的一篇名为《法典与法律编制》的学术文章。参见 Holmes, Codes, and the Arrangement of Law, 5 American Law Review 1（1870）；中译文可参见［美］霍姆斯：《法典与法律编制》，载《法律的生命在于经验——霍姆斯法学文集》，明辉译，清华大学出版社2007年版，第23~38页。

⑤ 转引自吕世伦主编：《现代西方法学流派》，中国大百科全书出版社2000年版，第413页。

渐认识到,试图建立全面的解释性法律体系的想法是徒劳无益的。进而,霍姆斯认为,法律的逻辑仅仅是法律在漫长的历史演变过程中遗留下来的些许残迹。

　　从某种意义上或许可以说,19世纪,正是历史法学在西方世界形成与盛行的世纪。历史法学在欧洲有两个分支:欧洲大陆的历史法学与英国的历史法学。前者的代表人物是德国著名法学家萨维尼,他在19世纪德国法学领域乃至对于德国法的发展均占据着不可替代的重要地位。特别是在与主张在19世纪的德国制定统一法典的学者们的争辩中,萨维尼逐渐形成了自己独树一帜的历史法学观。他认为,法律决不应当是由立法者制定的,而应是那些内在地、默默地起作用的力量的产物;法律深深根植于一个民族的历史之中,其真正的源泉是普遍的信仰、习惯以及"民族的共同意识"(the common consciousness of the people)或者"民族精神"(Volksgeist)。萨维尼指出,每个民族都逐渐形成了一些传统和习惯,而通过这些传统和习惯进行认真的研究,人们才能发现法律的真正内容。因此,他明确指出,

　　　　对于法律来说,一如语言,并无绝然断裂的时刻;如同民族之存在和性格中的其他的一般性取向一般,法律亦同样受制于此运动和发展。此种发展,如同其最为始初的情形,循随同一内在必然性规律。法律随着民族的成长而成长,随着民族的壮大而壮大,最后,随着民族对于其民族性(nationality)的丧失而消亡。①

　　与之遥相呼应的则是在英伦三岛上孕育而生的英国历史法学,其代表人物主要包括亨利·梅因、弗雷德里克·威廉·梅

---

　　① ［德］弗里德里希·卡尔·冯·萨维尼:《论立法与法学的当代使命》,许章润译,中国法制出版社2001年版,第9页。

特兰(Frederic William Maitland)①和波洛克(Pollock)。作为英国历史法学的主要创始人之一,梅因认为,各民族法律发展的历史表明,一些进化模式会在不同的社会秩序中和在相似的历史条件下不断重复地展现。在《古代法》(*Ancient Law*)中,梅因认为自己已经发现了法律进化的普遍规律之一,即:

> 所有进步社会的运动在有一点上是一致的。在运动发展的过程中,其特点是家族依附的逐步消灭以及代之而起的个人义务的增长。"个人"不断地代替了"家族",成为民事法律所考虑的单位。前进是以不同的速度完成的,有些社会在表面上是停止不前,但实际上并不是绝对停止不前,只要经过缜密研究这些社会所提供的各种现象,就可以看到其中的古代组织是在崩溃。但是不论前进的速度如何,变化是绝少受到反击或者倒退的,只有在吸收了完全从外国来的古代观念和习惯时,才偶尔发生显然停滞不前的现象。我们也不难看到:用以逐步代替源自"家族"各种权利义务上那种相互关系形式的,究竟是个人与个人之间的什么关系。用以代替的关系就是"契约"。在以前,"人"的一切关系都是被概括在"家族"关系中的,把这种社会状态作为历史上的一个起点,从这一个起点开始,我们似乎是在不断地向着一种新的社会秩序状态移动,在这种新的社会秩序中,所有这些关系都是因"个人"的自由合意而产生的。……所有进步社会的运动,到此外为止,是一个"从身份到契约"的运动。②

19世纪欧洲大陆与英国的历史法学对整个美国的法律思想产生了深刻影响,身处美国法律思潮之中的霍姆斯自然无法

---

① 弗雷德里克·威廉·梅特兰(1850—1906),英国法学家和历史学家,以其众多记述英国法律历史的著作而著称。

② [英]梅因:《古代法》,沈景一译,商务印书馆1959年版,第96~97页。

避免。这一深刻的影响主要体现在霍姆斯对历史法学的法学研究方法上的承袭与实际运用上。若稍加比较，便可以发现，霍姆斯的经典法学著作——《普通法》的篇章结构基本上与梅因在《古代法》中论述古代罗马法的顺序保持一致。正如霍姆斯在《普通法》中所言，"法律蕴含了一个民族经过诸多世纪发展的历程，[我们]不能如此对待它，就好像它仅仅包含了一本数学教科书中的公理与推论。为了了解它现在是什么，我们必须了解它过去是什么，以及它将来可能成为什么"①，而"在很大程度上，对于法律的理性研究仍然是对于历史的研究"②。

霍姆斯本人也正是通过运用这种历史研究的方法，重新审视普通法的起源与发展，并且试图得出他自己关于普通法的历史与一般理论的结论。霍姆斯认为，许多英美法学家"并没有认真考虑来自撒克逊渊源中的一般法律"，并且还主张，普通法的"诉讼形式、……契约、占有、侵权、信托等概念主要是经过诺曼底而源自法兰克人的"③，盎格鲁—撒克森的"法典（corpus juris）与程序是法兰克人（带着罗马人的面具）的，……在诺曼征服之前，最为有益的渊源在欧洲大陆"④。在英美法律史研究领域，霍姆斯还对梅特兰的法律研究工作表示出极大的赞许，并

---

①　Holmes, The Common Law, Boston: Little, Brown and Company, 1923, p.1；中译文参见[美]霍姆斯：《责任的早期形式》，载《法律的生命在于经验——霍姆斯法学文集》，明辉译，清华大学出版社 2007 年版，第 82 页。

②　Holmes, The Path of the Law, 10 Harvard Law Review 457,469(1897)；中译文参见[美]霍姆斯：《法律的道路》，载《法律的生命在于经验——霍姆斯法学文集》，明辉译，清华大学出版社 2007 年版，第 221 页。

③　霍姆斯致波洛克的信（1886 年 3 月 12 日），载 Mark DeWolfe Howe ed., Holmes ~ Pollock Letters: The Correspondence of Mr. Justice Holmes and Sir Frederick Pollock, 1874 ~ 1932, Cambridge: The Belknap Press of Harvard University Press, 1961, p.28。

④　霍姆斯致波洛克的信（1891 年 1 月 17 日），载 Mark DeWolfe Howe ed., Holmes ~ Pollock Letters: The Correspondence of Mr. Justice Holmes and Sir Frederick Pollock, 1874 ~ 1932, Cambridge: The Belknap Press of Harvard University Press, 1961, p.34。

弗雷德里克·威廉·梅特兰(1850~1906),英国法学家

且认为,梅特兰"关于法律史的工作是一种真正科学的工作——为了哲学的重要性问题而进行的对于详细资料的精确调查研究"①。在一封致波洛克的信中,霍姆斯表示"为听到梅特兰的死讯而感到非常难过。这是一个巨大的损失。除了曾在你邀请的宴会上寒暄几句之外,未能与他进行任何交谈,我为此深表遗憾"②。甚至在梅特兰去世后的一篇纪念文章中,霍姆斯对前者表示出了极高的尊崇与评价:

① 霍姆斯致波洛克的信(1888 年 3 月 4 日),载 Mark DeWolfe Howe ed. , Holmes ~ Pollock Letters: The Correspondence of Mr. Justice Holmes and Sir Frederick Pollock, 1874 ~ 1932, Cambridge: The Belknap Press of Harvard University Press, 1961, p.31。

② 霍姆斯致波洛克的信(1907 年 1 月 5 日),载 Mark DeWolfe Howe ed. , Holmes ~ Pollock Letters: The Correspondence of Mr. Justice Holmes and Sir Frederick Pollock, 1874 ~ 1932, Cambridge: The Belknap Press of Harvard University Press, 1961, p.137。

因在其被公认处于至高地位的领域中之所作所为
而赞扬一位逝去的大师,是任何人几乎都会感到惭愧
的。当他的著作完成之时,赞扬就已经太晚了,以至于
无法给予全部所需的鼓励,而成功得到的太少了。尽
管如此,依然存在一种愉悦,即使是在迟来之时为某人
作证,从而证实对于死后力量的想象,而所有无法寻求
即时成功回报的理想主义者和人们必定依赖此一想象
而生存。我担心,如果梅特兰先生没有过于谦虚,而能
从中得到些许欢愉的话,我确信,那一想象将会被实
现。他对于英格兰法之渊源的渊博知识已为他阐明和
解释当前法律提供了准备,或许,其他任何人都还没有
准备好。对于其良好的判断力而言,他的知识仅仅是
一种工具。他的语言能力和表达天赋使得其良好的判
断力和洞察力得以彰显,因而,对于他的著作,即使是
那些涉及人们可能会认为属于枯燥无味的细枝末节的
著作,任何一位经过适当准备的读者也一定会变得兴
趣盎然、全神贯注、如痴如醉。……详细阐述对于梅特
兰先生成就的评价需要时间,而我的工作不允许我这
么做。但是,我不愿错过这次机会来说出我所相信的
有关他的事情,并将一束花环,哪怕是干枯的花瓣,置
于他的墓前。①

## 三、哲学基础

当我们试图了解霍姆斯的思想时,必须认识到,霍姆斯对
法律的阐释渗透了他一生中对哲学问题深切的关注与理解。

---

①　Oliver Wendell Holmes, On F. W. Maitland's Death, in Collected Legal Pa-
pers, New York:Harcourt, Brace and Company, 1921, pp. 283 ~ 284;中译文参见
[美]霍姆斯:《法律的生命在于经验——霍姆斯法学文集》,明辉译,清华大学出版
社2007年版,第267 ~ 268页。

作为学者,他喜欢读书、思考,喜欢与朋友争论,喜欢探究关涉人和宇宙的问题。作为哲学家,他敏于思考的心灵探索着有关信念、偏好和行动的深奥哲学,而这正是"普通法的精神"得以经久不衰的根源所在。霍姆斯不断探索着在争取自由的斗争中的那些思想及其运作方式。作为大法官,他对宪法问题的法律意见记载并体现了他的研究结论。因此,如果我们不从根本上去了解和认识霍姆斯的哲学观念及其来源,就不可能真正地接受或者是拒绝他对法律理念及规则的理解与阐释。

霍姆斯从美国内战的战场中回来之后,重返哈佛大学,并选择在法学院学习法律。其间,他经常与皮尔斯、詹姆士、格雷等人组织聚会,进行哲学思想上的交流,并且成立了"形而上学俱乐部"。皮尔斯在 1906 年发表的一篇名为《实用主义的起源》的文章中谈及了当时的情形:

> 那是在[19 世纪]70 年代初,我们[在坎布里奇读书的]一群年轻人半带嘲讽、半带挑战地自筹了"形而上学俱乐部"——因为当初怀疑主义正甚嚣尘上,对一切形而上学都嗤之以鼻。我们常常聚会……我相信,[大法官]霍姆斯先生对我们荣幸地提到他这个成员不会以为有什么不妥之处。①

在皮尔斯、詹姆士、杜威等人的共同努力之下,创造并发展了美国本土的古典实用主义哲学。这种实用主义哲学观主要体现在以下几个方面的内容上:

第一,在实用主义者看来,真正的哲学是以人为中心的哲学,哲学必须建立在对人的研究上。哲学的任务不是脱离人们的现实生活去探讨世界的本原、认识的本质,也不是去寻求关于宇宙的永恒的法则与真理,而是研究与人生有关的事务和实

---

① 转引自王元明:《行动与效果:美国实用主义研究》,中国社会科学出版社 1998 年版,第 47 页。

际问题。实用主义主张,实在都离不开人的活动与创造。实用
主义在人与物的关系上以人为中心,而不是以物为中心。① 现
实生活中的人并不是一种无利害关系、不行动的认识主体,而
是具有各种欲望、需要和利益的行动的主体。因此,哲学应当
主要从人的行动出发探讨与人的行动有关的问题。皮尔斯认
为,思维的功能就是确定信仰,即确定行为习惯。

　　第二,实用主义强调,要研究人,就必须重视人的行动、实
践;离开人的行动、实践,不可能正确说明人的问题。在现实生
活中,只有通过积极的行动,人才可能获得成功。实际上,这就
是研究事物、思想的意义和价值问题,即它们的效用问题。在
事物的本体性质与事物的价值性质——也就是"效用"——的
关系上,实用主义是以效用为中心的,将效用作为判断是否有
意义、判断观念是否为真理的标准。

　　第三,实用主义认为,人是行动的人,而人的行动是自由
的、非决定性的。实用主义者认为,世界上没有永恒不变的秩
序和法则,也没有完全可以依靠的绝对真理,因此,人的行动和
奋斗是一个不断探索、实验的过程。实用主义者都主张相对主
义,认为世界是一个不断变化的世界,人们既不能完全依靠过
去形成的理论,也不能完全依靠以前的经验,人们必须不断积
极进取,研究新情况,寻找新方法,解决新问题。②

　　实用主义者认为,根本不存在独立于经验、感觉之外的客
观存在,真理并非观念对于客观存在的反映,而只是反映经验

---

　　① 实用主义不同于传统哲学从人的认识或者人的理性去考察人,而是将人的
理性视为人的本质。

　　② 参见王元明:《行动与效果:美国实用主义研究》,中国社会科学出版社
1998 年版,第 26~45 页。

内部之间的关系、观念与观念之间的关系。① 这一哲学理念②对于霍姆斯的影响是巨大的。然而,霍姆斯并不承认自己是威廉·詹姆士的信徒。的确,尽管这两个人都是清教徒的后裔和超验主义的继承人,但他们之间友好的争执长达半个世纪之久。然而,有一点是毋庸置疑的,即霍姆斯虽然"否定实用主义是生活哲学,但他承认实用主义是法律的哲学"③。霍姆斯是法律领域中的运用实用主义的第一人,并且迄今为止仍然是该领域中最杰出的实用主义者。

对于霍姆斯而言,另外一种对于其产生重要影响的哲学观念来自当时对智识世界产生革命性影响的达尔文(Darwin)。在霍姆斯看来,人类生存的法则就是为了生存与利益而抗争。在将追求私利视为社会中一种为了经济和其他目的的基本推动力上,霍姆斯重复了亚当·斯密(Adam Smith)④的观点。1873 年,在一篇有关伦敦汽炉工人罢工事件的评论文章中,霍姆斯写道,

> 为生存而斗争,无疑,正不断地使人的利益区别于低级动物的利益。这种斗争在超越猴子的过程中不会停止,但却同样是人类生存的法则。在立法之外,这是

---

① 但是,在这些实用主义者彼此之间却存在着显著的区别,而他们的实用主义也采取了各自不同的形式。杜威比詹姆士系统得多,他企图"建立一种一般形式的概念与推理的理论,而不是这样或那样的特殊判断,或与其要旨与其特殊做含意有关的概念"。詹姆士沉湎于宗教现象,而杜威则致力于将实用主义思想运用于社会问题,且对人的智慧深信不疑,强调实际的可以达到的目的。杜威提供了 19 世纪后期反对偶像崇拜的社会思想与 20 世纪进步人士和苏联政治主张者的实验性政策之间的理性联系。参见[美]纳尔逊·曼弗雷德·布莱克:《美国社会生活与思想史》(下册),许季鸿译,商务印书馆 1997 年版,第 206~208 页。

② 在某种意义上,霍姆斯的实用主义哲学更接近于杜威而非詹姆士的哲学思想。

③ [美]康马杰:《美国精神》,南木等译,光明日报出版社 1988 年版,第 568 页。

④ 亚当·斯密(1723—1790),苏格兰政治经济学家和哲学家,他的代表著作有《国富论》(1776 年),正是这部著作使其成为古典自由市场经济理论的奠基人。

不可否认的。这种斗争可以通过同情、审慎和所有社会的和道德的品质予以缓和。但是,作为最后的手段,一个人可以正当地优先选择他自己的利益而不是邻人的利益。①

1915 年,霍姆斯在致约翰·亨利·威格莫尔(John Henry Wigmore)院长②的信中曾经谈及,"我们当中的很大一部分少数族关于人类生命的脆弱的感伤主义"令他"呕吐",并且这样论及那些人——"他们的信仰积极向上——他们谈论社会进步,他们认为,既定事物已经发生,并且宇宙不再具有掠夺性"③。

赫伯特·斯宾塞是英国 19 世纪的哲学家和社会学家,受达尔文《物种起源》中生物进化论的影响,试图将这种进化理论应用于人类社会之中。斯宾塞主张,"文明和法律乃是生物的和有机的进化的结果,而生存竞争、自然选择、'适者生存'则是这一进化过程的主要决定因素"。他认为,正义的核心是一种"平等自由"法则,即"每个人都有为所欲为的自由,只要他不侵犯任何他人所享有的平等自由"④。这一法则恰好体现了一种与当时美国的个人主义和自由放任时期相适应的正义观念。这对于身处美国社会当中的霍姆斯而言,无疑产生了巨大的冲击。然而,霍姆斯拒绝接受这一思想,即历史意味着某种无法避免的向更高水平人类行为的进步。就经济学方面而言,他认为,其最为亲密的朋友哈罗德·拉斯基(Harold Laski)的"不切

---

① Holmes, The Gas – Stokers' Strike, 7 American Law Review 582,583(1873); 中译文参见[美]霍姆斯:《"雇主与工人":汽炉工人的罢工》,载《法律的生命在于经验——霍姆斯法学文集》,明辉译,清华大学出版社 2007 年版,第 265 页。

② 约翰·亨利·威格莫尔(1863—1943),美国法学家、证据法专家,自 1901 年至 1929 年一直担任美国西北大学法学院院长之职。

③ 参见 Jeffrey O'Connell and Thomas E. O'Connell, From Doctor Johnson to Justice Holmes to Professor Laski, 46 Maryland Law Review 320(1987)。

④ [美]博登海默:《法理学:法律哲学与法律方法》,邓正来译,中国政法大学出版社 1999 年版,第 94~95 页。

实际的社会改良主义（do goodism）"只是一种"梦话"。尽管穷人对富人不可避免的妒忌给其带来的压力是可以理解的，但是，将财富从富人手中重新分配给穷人是徒劳且错误的。之所以是徒劳的，是因为少数富人决不够供养大量的穷人。之所以是错误的，是因为没有任何内在的理由可以成为通过减损某人而赋予另一人来破坏现状的依据。但是，无论通过子弹还是投票，如果这群"乌合之众"决定重新分配财富，那么人们将只能为之抗争或付之一笑。人们不可能坚持，在任何终极意义上，某人是错误的。①

霍姆斯似乎具有一种与生俱来的怀疑主义。这种怀疑主义贯串了霍姆斯的整个法律职业生涯和思想发展过程。然而，这种怀疑主义是如何形成的呢？通过重新审视其成长的环境——特别是其在美国南北战争中的经历，或者可以得到些许线索。

从社会职业角度言，霍姆斯的父亲是一位医生和医学教授，但在美国思想史上，老霍姆斯却是作为一位著名的思想家和诗人的身份而出现的。老霍姆斯始终致力于强烈反对美国原有的因循守旧的传统，而在那一代人中，这一古老传统又强烈地窒息与钳制着美国人的思想与道德。或许，老霍姆斯始终从未能说服自己完全摆脱那些古老传统的约束——他拒绝在星期日阅读小说——但是，关于他所处的那个时代的基本智识与道德问题，他总是与那些极富想象力的人——诸如爱默生等人——站在一起。他们坚持认为，由于科学的发展而带到人们面前的那些问题，根本无法用加尔文主义的旧方案和新教伦理的旧规则加以回答。于是，在这位巴黎医科学生的思想中，自然而然地植入了怀疑主义的种子。老霍姆斯重新审视着每一项不论是政治的还是宗教的国家信仰，而原本美国人将这一义务看做是恒久不变的且不可避免的，并且认为，"对于试图令美

---

① 参见 Jeffrey O'Connell and Thomas E. O'Connell, From Doctor Johnson to Justice Holmes to Professor Laski, 46 Maryland Law Review 320(1987)。

国人回避思考上帝降雨这类问题的考虑,显示出一种对于我们新情况的误解。如果对于一切的质疑是非法的且危险的,那么我们最好立刻否认我们的独立;因为《独立宣言》(Declaration)所意指的就是质疑一切的权利,甚至就是其自身基本主张的原理"①。作为一个思维敏捷的年轻人,在一个由如此全心致力于自由探求事业的父亲所主持的家庭成长起来,霍姆斯大法官几乎不可能不以这种确信而开始他的人生,即科学革命的首要结果必定是一种怀疑主义思想的发展。此后,作为一名哈佛大学的学生,伴随着科学知识的推动,霍姆斯带着这种与生俱来的怀疑主义开始将哲学与伦理思考引向对于社会前沿问题的探究。这时,他开始确信,道德已经无法在神学中寻找正当化的理由。然而,宗教领域中的怀疑主义者并不一定在其他领域中也是怀疑主义者。因为,在美国南北战争期间,霍姆斯曾经写信给查尔斯·埃利奥特·诺顿(Charles Eliot Norton)说,只有通过保留他的这一信念,即这场战争是 19 世纪的一场神圣的战争,他才能将他的手握在剑上。

在经历整个南北战争之后,自 1864 年秋开始在哈佛法学院研习法律时,霍姆斯已经经历了其成长过程中的两个重要的决定性阶段。其一,他已经摆脱了如此众多的对于其周围世界的假定所赖以为基础的宗教信仰;其二,他已经从残酷的战争中认识到,道德上的个人品味无法确立伦理学上普遍或者客观的真理。然而,作为信仰上的怀疑主义者与道德上的怀疑主义者,霍姆斯很快便发现,在他周围的世界,特别是在哈佛法学院的法律理论世界中,到处充溢着战争爆发之前那种停滞不前的自我满足。在从哈佛法学院毕业到被任命为马萨诸塞州最高法院法官之间的十五年里,霍姆斯主要致力于阐明下述观点,即对于法律的批判性理解只有在经过两个步骤后才可能实现:

---

① Mark DeWolfe Howe, The Positivism of Mr. Justice Holmes, 64 Harvard Law Review 529(1951).

其一，是法律的分析传统必须受到严格的怀疑性审查，而科学也使神学服从于这一审查；其二，是对深嵌于这一陈旧自满中的法律的道德假定，必须予以重新审视与反思。①

这种怀疑主义体现在法律思想中，就形成了一种怀疑主义法律观。但是，这种"怀疑"并非哲学意义上的对于外部世界或者精神存在的怀疑，而仅仅是一种态度，一种常识意义上的怀疑，这是一种科学的和实用主义者的怀疑。在这个意义上，霍姆斯的法理学中自然渗透着一种浓重的怀疑主义色彩。例如，霍姆斯反对演绎推理的法律形式主义信条，如在写给吴经熊博士的信中便曾说道，"我重读了他（黑格尔）的逻辑学译本。当我第一次读它时，留给我的唯一命题就是，他无法使我相信，演绎推理（syllogism）会摇动它的尾巴"②；霍姆斯主张行为的外部责任标准，因为他怀疑能否真正认识人的内心；霍姆斯将言论自由比喻为思想市场（market in idea）上的交易行为，因为他怀疑智识分歧能否通过理性加以解决并进一步将其体现在法律之中。③

在 1895 年美国阵亡将士纪念日上，霍姆斯发表了一篇关于军人的忠诚美德的演讲。在这篇著名的演讲中，霍姆斯谈道：

> 我不知道什么是真的。我不知道宇宙的意义。但是，在怀疑之中，在信仰的坍塌中，有一件事我并不怀疑，与我们大多数人生活在同一个世界中的人也不会怀疑，那就是，这一忠诚是真实且值得崇拜的，它可以使得一名士兵，在一项他并不理解的事业中，在一个他

---

① 参见 Mark DeWolfe Howe, The Positivism of Mr. Justice Holmes, 64 Harvard Law Review 529(1951)。

② 霍姆斯致吴经熊的信(1923 年 4 月 1 日)，参见 Max Lerner ed. , The Mind and Faith of Justice Holmes, Boston：Little, Brown and Company, 1945, p.419。

③ 参见［美］理查德·A. 波斯纳：《法理学问题》，苏力译，中国政法大学出版社 2002 年版，第 278 页。

并不明白的行动计划中,按照他并未看到其用途的策略,遵照一项盲目接受的职责而抛弃他的生命。①

阅读这篇雄辩的演讲,就好像是在阅读一篇关于法理学的法律评论文章。从表面看来,霍姆斯似乎是在通过频繁地运用军队的术语来解决道德问题。但从另外一个视角而言,或许可以看出他的战争经历对于塑造他的怀疑主义精神的影响。尽管霍姆斯已经将对于这场战争目的的怀疑表露无余,但他仍然以一个浪漫理想主义者的态度坚守着他对于"军人的忠诚"的信仰。显而易见,这一段话已经意义深远地反映出,在霍姆斯的精神世界中,存在一种怀疑主义与浪漫主义的奇妙混合。

在普通法精神的形成过程中,有一个非常重要的因素无法回避,那就是清教主义。有的人甚至认为,普通法是清教思想在法律、政治领域的应用,并且在美国达到了顶峰。清教神学与16至17世纪的政治神学思想至少可以追溯至日耳曼人的个人主义。随着罗马帝国世俗政权的建立,其在法律和神学领域也形成了绝对的权威,导致了整个欧洲大陆长期的思想沉默。此后,德国人在宗教改革运动中逐渐挣脱了黑暗的束缚,作为个体的人在法律、政治、哲学和宗教领域逐渐开始主张并且坚持自己的权利。正是这种个人主义、宗教学说和社会状况之间的相互作用与联系形成了独特的清教主义传统。

这种根深蒂固的清教主义传统,是形成普通法精神的重要因素之一。在一定程度上,清教主义是美国法律中的决定性因素。英美法,尤其是美国法律思想的独特之处在于个人主义的极端性,对个人利益和财产采取不妥协的坚持态度而成为法理学的焦点。清教主义似乎在美国法律思想的形成时期强化了个人主义的观念。在英国普通法思想已经形成并发展了300多年之后,清教主义才将个人主义的观念深深嵌入美国的法律

---

① Holmes, The Soldier's Faith, in Max Lerner ed., The Mind and Faith of Justice Holmes, Boston: Little, Brown and Company, 1945, p.20.

理论与实践之中,并使之极富生机与活力地在美国发展起来。①

在普通法制度的形成与发展过程中,有两个很关键的时期,即16世纪末至17世纪初的古典普通法时期以及南北战争结束时的美国法律发展时期。前一时期的任务是分析与总结过去的判例和立法,为未来构筑一个完整体系奠定了基础;后一时期的任务则是审视整个英国判例法,并且加以选择,使之适用于美国社会的实际生活。这两个时期的精神和人们在法律方面的努力赋予普通法解决法律问题的基本模式,正是这种精神和努力给整个普通法增添了生机与光彩。前一时期是英国清教时期,后一时期是美国清教时期。在南北战争时期的美国,清教徒在人口中占大多数,他们已经形成了自己的固定习俗与思维方式。相对于英国而言,他们没有面对与之抗争的强权政府,他们可以根据自己的偏好而建立适合自己的政治与法律制度。正是在这样的背景下,霍姆斯成长于南北战争期间以及此后的美国社会之中。作为新英格兰人的后代,在霍姆斯的思想中始终存在一种根深蒂固的清教主义传统②,并且在他的法律职业生涯中深深地影响了他的法律思想与行动。

清教主义的基本主张之一是个人行为的"理性诚实的自愿契约"学说。这种学说将个人的良知和判断置于首要的优先地位。没有官方权威可以合法地强制它们,但是,每个人必须承受并遵守他们自己选择行为的结果,即为自己的选择负责。清教主义深深地影响了美国的法律与司法实践。正如丹宁勋爵所指出的,在美国,清教主义将英国停留于抽象意识的思想付

---

① 参见[美]罗斯科·庞德:《普通法的精神》,唐前宏、廖湘文、高雪原译,夏登峻校,法律出版社2001年版,第22~40页。

② 对此,霍姆斯曾经在一篇演讲中说道:"我想,我是一个够格的清教徒,可以去想象一种高尚的快乐,这一快乐是那些将自己仅仅视为受更高权力所掌控以实现其目的的工具的人所享有的。"参见 Oliver Wendell Holmes, On Receiving the Degree of Doctor of Laws, in Collected Legal Papers, New York: Harcourt, Brace and Company, 1921, p.34;中译文参见[美]霍姆斯:《对荣誉的热爱》,载《法律的生命在于经验——霍姆斯法学文集》,明辉译,清华大学出版社2007年版,第190页。

诸实践。在这一过程中,清教思想赋予美国普通法以新的特征。在政治学上,人民的概念不是一个实体而是个人之间的联合,从而将权利明确地归因于每一个人,将英国人法律权利的发展归因于人的自然权利;在法律上,它赋予普通法以契约的抽象自然观念,而这正是所有社会立法的"克星"。从这里似乎不难看出霍姆斯在北方证券公司案中的反对意见的思想根源。

　　总体而言,霍姆斯的哲学思想是异常复杂而隐蔽的,只有通过对他的生平、著述、演讲、评论、书信以及法律意见书进行慢慢剖析,方可透过错综复杂的表象而窥视到他深邃的精神世界。也正是在这里,我们隐约可以看到,在他的思想与观念中,霍姆斯所处的那个时代尚未发展成熟的社会达尔文主义与已经失去传统美德的古老而陈旧的清教主义产生了某种奇怪的混合。同时,除了上述两个因素之外,霍姆斯早年的军旅生涯又平添了一份怀旧的、甚至是多愁善感的老兵的英武之气。在某种意义上,霍姆斯是一个个人主义者。正是因为霍姆斯将这种个人主义表达得淋漓尽致,他才得以成为那个时代美国的杰出代表人物之一。霍姆斯与其他人的不同之处并不在于他的信仰,而在于他能将这些信仰表达得清晰而坚定。他真诚而敏锐,既不会逃避某个问题,也不会忽视某个问题。他特别擅长表达犀利、富有刺激力的警句。他能够说出人们由于忙于世俗琐事而未及深思的一些观点,由于过于谨慎和世故而不敢表达的一些观点。正是基于上述诸项原因,在美国历史上的危机时刻,霍姆斯自然便对美国人民拥有了一种极具魅力的特殊影响力。也正是在这一危机时刻,与杜威一样,霍姆斯似乎已经成为了美国精神的化身。①

　　当然,作为一位深刻的哲学家,霍姆斯似乎对法律与正义之间的关系更感兴趣,因而他在这方面的思想与观念深刻而犀

---

　　①　参见[美]亚历山大·米尔克约翰:《表达自由的法律限度》,侯健译,贵州人民出版社 2003 年版,第 51~52 页。

杜威（1859—1952），美国哲学家

利。作为一名优秀的法律工匠，霍姆斯的才能使他成为美国法理学的大师和社会学法学的先驱。从这一角度而言，霍姆斯将立法机构和法院看做是各种社会力量相互冲突的场所。他非常擅长于分析上述这些力量之间的相互关系。他饶有兴趣、有时甚至可以说是玩世不恭地关注与审视着法律斗争中的涨落沉浮。他冷静甚至残酷地认为，人生实际上就是"一场搏斗"。尽管霍姆斯作为一个冷眼旁观的看客，认为斗争的结果几乎完全是依赖运气而决定的，但他仍然是一名斗士，一名优秀的斗士，一名积极置身于斗争之中的斗士。① 正如霍姆斯自己所言，这"如同战争中凯旋者的剑轻轻划过肩头，在古代，这柄剑即宣告了一名士兵因战功而被册封为骑士，并以生命发誓今后永不

————————

① 参见［美］亚历山大·米尔克约翰：《表达自由的法律限度》，侯健译，贵州人民出版社 2003 年版，第 52 页。

放弃战斗"①。

**霍姆斯冷眼审视着这个"不希望带其他任何人走进的世界"**

---

　　① Oliver Wendell Holmes, On Receiving the Degree of Doctor of Laws, in Collected Legal Papers, New York: Harcourt, Brace and Company, 1921, p. 33；中译文参见 [美]霍姆斯:《对荣誉的热爱》,载《法律的生命在于经验——霍姆斯法学文集》,明辉译,清华大学出版社 2007 年版,第 189 页。

# 第三章　普通法的精神

法律的生命不在于逻辑，而在于经验。感受到的时代需求、流行道德和政治理论、对公共政策的直觉，不论是公认的还是无意识的，甚至法官及其同事们所共有的偏见，在决定治理人们的规则方面，比演绎推理影响更大。①

——奥利弗·温德尔·霍姆斯

1881年，霍姆斯应邀在洛厄尔学院（The Lowell Institute）②以"普通法"为主题发表了一系列演讲，后来经过整理，将这些零散的演讲以著作形式正式出版，就是享誉英美法学界的经典法理学著作《普通法》。迄今为止，这部法学著作仍被誉为"美

---

① Oliver Wendell Holmes, The Common Law, Boston: Little, Brown and Company, 1923, p. 1；中译文参见［美］霍姆斯：《责任的早期形式》，载《法律的生命在于经验——霍姆斯法学文集》，明辉译，清华大学出版社2007年版，第82页。

② 洛厄尔学院（The Lowell Institute），是由纺织品制造商小约翰·洛厄尔（John Lowell, Jr.）于1836年创建的，旨在通过公开授课，以阐述伦理与宗教教义之真谛，从而为人类造福。1880年秋洛厄尔学院恰好开设了《普通法》课程，于是A. 劳伦斯·洛厄尔（A. Lawrence Lowell）便邀请霍姆斯来讲授这一课程。该课程通常由12讲组成，讲授时间大致设于1880年11 – 12月份的每周二和周五晚上。参见G. Edward White, Justice Oliver Wendell Holmes: Law and the Inner Self, New York: Oxford University Press, 1993, p. 148。

国法律学术史上最为重要的专著"①。

　　从《普通法》的目录中,大致可以看出霍姆斯所选择阐述的主要的普通法主题,包括:责任的早期形式,刑法,侵权法——侵害与过失,欺诈、恶意与故意——侵权法理论,普通法中的受托人,占有与所有,合同法——历史、构成要素、无效的与可撤销的[合同],继承——死后继承、生前[财产]转让,等等。② 正如他在《普通法》"序言"中谈到的,霍姆斯所选择的仅仅是有必要"阐明一般理论的主题",尽管受演讲的时间与形式所限,这种主题的编排"肯定或多或少有些随意",但总体而言,这部著作确实是"为了实现长期以来存在于其脑海中的计划而撰写的"。相对于此前相同主题的零散文章或系列演讲而言,霍姆斯又重新加以编排、补充和修订,因而增添了许多新的内容。即便如此,他仍然强调"我所提供的是一种理论,而不是一套资料汇编"。③ 此处所谓的"理论"正是霍姆斯本人意欲阐释的普通法理论。故而,本章意在沿着上述普通法主题所构成的基本脉络④,梳理与解读霍姆斯所阐释的普通法理论,进而透视其中

————————

　　① Richard A. Posner, Foreword: Holmes, 63 Brooklyn Law Review 7 (1997)。这篇发表于《布鲁克林法律评论》上的文章实际上波斯纳编辑的一部汇集霍姆斯的部分法学著述(包括书信和法律意见在内)的学术文集(Richard A. Posner, ed., The Essential Holmes: Selections from the Letters, Speeches, Judicial Opinions, and Other Writings of Oliver Wendell Holmes, Jr., Chicago: University of Chicago Press, 1992)的"前言"。

　　② 参见 Oliver Wendell Holmes, The Common Law, Boston: Little, Brown and Company, 1923, Contents。

　　③ 参见 Oliver Wendell Holmes, The Common Law, Boston: Little, Brown and Company, 1923, Preface。

　　④ 除了 1881 年被整理并汇编于《普通法》中的主要普通法主题之外,霍姆斯于此后 10 余年间还在一些美国著名法律期刊(如《哈佛法律评论》等)上发表了一系列涉及普通法制度与思想的理论文章,例如, Agency I, 4 Harvard Law Review (1891); Agency II, 5 Harvard Law Review 1 (1891); Privilege, Malice, and Intent, 8 Harvard Law Review 1 (1894); Executors, 9 Harvard Law Review 42 (1895),等等。上述文章也将成为本书阐释霍姆斯之普通法精神的重要参考资料。

所蕴涵的普通法精神。

**奥利弗·温德尔·霍姆斯（1841—1935）**

关于为何要撰写这样一部法学著作,换言之,撰写这部著作的初衷是什么,霍姆斯本人曾经在私人交往中向他的朋友解释过。在致一位友人的信中,霍姆斯谈及后来构成其《普通法》主要内容的那些最初发表于《美国法律评论》上的法律文章,他说:"在撰写这些文章时,我是打算间或地归纳普通法的基本原则与概念,并且对之进行一种全新的且更具根本性的分析——也是为了构建一种全新的法理学或者撰写关于普通法的首部全新著作。"[1]因此,与当前某些学术界流行的做法——将一些曾经发表或者未发表的彼此具有较少或者完全没有逻辑关系的文章汇编起来,再加上一个哗众取宠的宏大标题,便扺做学术专著了——不同,霍姆斯在撰写那些学术文章时便已经形成了一种学术自觉,即围绕普通法的基本原则与概念,构建一种完全不同于西方法律传统、特别是不同于自然法学与分析法学的法理学,当然,事实上,体现构建一种全新法理学的英美法学者的初步尝试具体体现在了《普通法》之中。在此,值得注意的是,《普通法》也应被视为霍姆斯于 19 世纪 70 年代十年法律学

———————

① 霍姆斯致西季维奇（A. G. Sedgwick）的信（1879 年 7 月 12 日）,转引自 Robert W. Gordon, Holmes' Common Law as Legal and Social Science, 10 Hofstra Law Review 719, 719（1981—1982）。

术研究的总结或者思想产物。

在《普通法》中，霍姆斯所探讨的首要问题便是"法律责任"问题——"民事与刑事责任的一般理论"，并以此为透视点而展开了对普通法精神的历史研究。为什么选择"法律责任"作为理解普通法精神的起点呢？霍姆斯的回答是，因为"迄今为止，相对于那些规制侵害行为的规则而言，涉及他人或物所致损害的原初责任规则很少得到过认真的考虑"①，并且自英格兰"判例汇编开始出现以来，普通法发生了许多变化，对于现在所谓的主流理论的研究在很大程度上属于一种对发展趋势的研究"，所以"追溯至责任的早期形式并且从那里开始讨论，将是有益的"②。

## 一、法律责任的早期形式

在《普通法》的开篇，霍姆斯首先追溯了法律责任的普通法渊源。在此，霍姆斯通过举例而展开了对法律责任概念及内涵的细致分析。例如，如果有人饲养了一只凶猛的动物，这只动物在逃离主人控制之后伤害了邻人。尽管主人能够说明本人对于动物的逃离没有过错，但他仍然应当承担责任。据 19 世纪流行的分析法学家的观点而言，由于当事人（主人）饲养了具有此类危害他人危险的动物，虽然在动物逃离时他没有直接的过错，但他对饲养此类动物具有间接的过错，"一个人对因自己的过错所造成的损害应当承担赔偿责任"③。然而，霍姆斯认为，这种解释尽管有一定道理，但却并未能阐明法律责任的真

---

① Oliver Wendell Holmes, The Common Law, Boston: Little, Brown and Company, 1923, p.4；中译文参见［美］霍姆斯：《责任的早期形式》，载《法律的生命在于经验——霍姆斯法学文集》，明辉译，清华大学出版社 2007 年版，第 85 页。

② Oliver Wendell Holmes, The Common Law, Boston: Little, Brown and Company, 1923, p.2；中译文参见［美］霍姆斯：《责任的早期形式》，载《法律的生命在于经验——霍姆斯法学文集》，明辉译，清华大学出版社 2007 年版，第 83 页。

③ Oliver Wendell Holmes, The Common Law, Boston: Little, Brown and Company, 1923, p.6.

正内涵。另外,他还列举了雇主替雇员承担损害赔偿责任、规制一般海事损害案件的法律以及英格兰刑事诉讼程序中对致人死亡之工具的阐释意义,等等。为了阐明类似情况下法律责任的真正内涵,霍姆斯认为,有必要考察"那些古老而独立的法律制度",诸如古罗马的《十二表法》等。

**附表 1：霍姆斯对古代法律制度的历史考察①**

| | | | |
|---|---|---|---|
| 《圣经》 | 摩西律法 | 犹太人 | 如果一头牛用角抵死了一个男人或女人,那么一定要用石头砸死这头牛,并不得吃它的肉;但牛的主人应当免除责任。 |
| 普卢塔克 | 《梭伦传》 | 希腊人 | 一条狗咬了人之后,应当被交出,并缚于一根四腕尺长的圆木上。 |
| 柏拉图 | 《法律篇》 | | 如果一个奴隶杀死了一个人,他就应当被交给死者的亲属。 |
| | | | 如果一个奴隶伤害了一个人,他就应当被交给受害方,由受害方随意役使他。 |
| | | | 如果[奴隶的]所有者拒绝交出该奴隶,那么他就要赔偿这一损失。 |
| | | | 如果一个无生命之物致人死亡,应当将其抛出边界,并且应当进行补偿。 |

①　参见 Oliver Wendell Holmes, The Common Law, Boston：Little, Brown and Company, 1923, pp. 7～24。

| | | | |
|---|---|---|---|
| 盖尤斯 | 《十二表法》 | 罗马人 | 如果动物造成了损害,[动物的所有者]要么交出该动物,要么赔偿损失。 |
| | 《法学阶梯》 | | 上述规则也适用于家子或者奴隶的侵权行为。 |
| | 阿奎亚法 | | 在其知情的情况下,主人应当为其奴隶实施的特定违法行为承担人身责任。 |
| | 撒利克法 | 日耳曼人 | 如果某人被家畜杀死,那么该家畜的所有者应当给予一半的赔偿,并将该家畜交给原告以抵偿另外一半。 |
| 公元680年 | 肯特法 | 盎格鲁—撒克逊人 | 如果任何人的奴隶杀死了某一自由人,无论他是谁,均由其主人支付100先令,交出杀人者。 |
| 约7世纪晚期 | 伊尼法 | | 如果一个西撒克斯奴隶杀死了一个英格兰人,那么拥有该奴隶的人应当将其交给领主和族人,或者支付60先令以赎回其生命。 |
| | 苏格兰法 | 苏格兰人 | 如果一匹野马或者不听驯服的马违背某人的意愿而驮其过溪水或者河水,并且碰巧该人溺水而死,那么该匹马就应当归国王所有。 |
| 1133年 | 普通法 | 英格兰人 | 如果我的狗杀死了你的羊,就在该事实发生之后,我会将狗交给你,你无须向我追索。 |

在现代社会中,每个人都有责任控制自己的牛不侵入他人的土地,或者,在注意到自己饲养的牲畜或者动物有伤人之可能性的情况下,便对这些牲畜或者动物的伤人行为承担赔偿责

任。霍姆斯指出,此处的问题在于,这些合理的现代法律规则
与早期的英格兰普通法或者古罗马法是否具有某种联系。在
经过详细的历史考察(参见附表1)与分析之后,霍姆斯认为,
普通法中关于法律责任的基本原则在很大程度上源于古代罗
马法。因此,从历史角度来看,普通法与罗马法具有着非常紧
密的联系。

此外,值得注意的是,霍姆斯进行上述如此繁复的历史考
察的"目的和意图在于说明,为现代法律所熟知的各种责任形
式源自普通的复仇背景",并且他认为,尽管并不完全适用于合
同领域,但"在刑法和侵权行为法中,它却具有第一位的重要
性。这说明,那些责任形式源自一个道德基础,源自某人应当
受到谴责这一观念"①。

## 二、刑法的一般原则与理论

在《普通法》的第二篇演讲中,霍姆斯着重阐释与分析了刑
法的一般原则。作为刑法的核心构成要素之一,霍姆斯首要地
论及了刑罚的目的。通常认为,刑罚的"目的是为了改造罪犯;
它也是为了防止罪犯和其他人再实施类似的犯罪;并且,它也
是为了报偿"②。在上述三种不同的刑罚目的理论中,霍姆斯认
为,改造罪犯并不是刑罚的唯一目的,而对于预防和报偿理论,
尽管仍然存在着争论,特别是德国伟大的哲学家黑格尔与康德
之间的分歧,但"大多数说英语的法律人或许仍然会毫不犹豫
地接受这一预防性理论"③。据此,霍姆斯指出,

　　　预防似乎成为了首要的且唯一普遍的惩罚目的。

---

① Oliver Wendell Holmes, The Common Law, Boston: Little, Brown and Company, 1923, p. 37.

② Oliver Wendell Holmes, The Common Law, Boston: Little, Brown and Company, 1923, p. 42.

③ Oliver Wendell Holmes, The Common Law, Boston: Little, Brown and Company, 1923, p. 43.

如果你做了特定的事,法律将施以特定的痛苦,因而意在为你提供一个不做那些事的全新动机。如果你仍然坚持去做的话,法律就不得不施以那些痛苦,以使其威慑力可以继续为人所信。[①]

从上述阐释中可以推断出,法律仅仅将个人视为一种实现目的的手段或者工具,因而,在刑事责任中,更多地应当关注公共福利或者普遍福利,而非个人利益,也就是"对个人的考虑服从于对公共福利的关注"[②]。为了进一步阐明上述观点,霍姆斯又举出了几项法律原则来加以解释:其一,在将杀人作为保全自己生命的唯一方法时,故意剥夺他人公私不分理不应当受到惩罚的;其二,对于法律的无知并不是违犯法律的理由。通过上述分析,霍姆斯认为,无法仅仅通过衡量实际个人与单独犯罪是否相称来最终彻底确定刑事责任,而应当主要考虑公共福利或者普遍利益。[③]

经过上述分析与阐释,霍姆斯对刑法的目的作出了一般性概括:

> 刑法的目的仅仅在于引导对规则的外部遵守。所有的法律均被导向易于感知的事物状态。无论法律是通过运用强力而直接引致那些状态,如借助士兵的保护而使房屋免受暴徒的滋扰,或者出于公众用途而征用私人财产,或者依据一项司法判决而绞死某人,还是借助人们的恐惧而间接引致那些状态,其目的同样均

---

① Oliver Wendell Holmes, The Common Law, Boston: Little, Brown and Company, 1923, p. 46.

② Oliver Wendell Holmes, The Common Law, Boston: Little, Brown and Company, 1923, p. 47.

③ 参见 Oliver Wendell Holmes, The Common Law, Boston: Little, Brown and Company, 1923, pp. 47~48.

为一种外部结果。①

在此基础上，霍姆斯继续论证了检验法律责任的标准，并且认为，这些检验"标准不仅是外部的，而且也是普遍适用的"，并且"与特定人的动机或意图中的罪恶程度无关"。由于法律责任应当建立在行为的应受谴责性之上，所以这些外部的或者客观的检验标准只能是"普通人"——"具有正常智力与合理谨慎之人"的标准。② 在通过具体分析了诸如谋杀、纵火、盗窃等犯罪行为后，霍姆斯详细地探究了体现于具体犯罪行为中行为人的主观心理状态，诸如恶意、故意、动机等，并且最终总结了普通法背景下关于刑事责任的一般理论：

其一，从本质而言，所有行为本身都是无关紧要的；

其二，在典型的实体性犯罪中，那些行为之所以构成犯罪，是因为该行为是在可能会造成法律所试图预防的某种损害的情况下予以实施的；

其三，在此类案件中，检验行为是否构成犯罪的标准，就是根据经验所揭示出来的在那些环境下伴随该行为而生的危险的程度；

其四，在此类案件中，当事人的犯罪意图或者实际邪恶，是完全不必要的；

其五，在一些案件中，如果这是一个谨慎人所无法预测到的后果，那么在行为实施时的环境之下，必须实际上可以预测到该行为的后果，据此，应当受谴责性成为了犯罪的构成要素之一；

其六，在一些案件中，在语词的通常意义上，实际恶意或者

---

① Oliver Wendell Holmes, The Common Law, Boston: Little, Brown and Company, 1923, p.49.

② Oliver Wendell Holmes, The Common Law, Boston: Little, Brown and Company, 1923, pp.50~51.

故意也成为了犯罪的构成要素之一。①

## 三、侵权行为法的概念与理论

在普通法的历史背景下,霍姆斯在第三、第四篇演讲中详细阐释与分析了侵权行为法中一些重要的基本概念与原则。他强调指出,之所以采取这种论述的进路,是为了探究在侵权行为法中是否存在构成所有法律责任的共同基础;如果存在的话,这个基础又是什么。霍姆斯正是试图通过这种努力,来揭示普通法中民事责任的一般原则。尽管从理论而言,侵权行为法与合同法的法律责任存在着非常明显的区别:侵权责任并不是当事人事先在合同中约定的,而是因侵权行为造成的损害而产生的。但是,在普通法中,却无法找到此类一般性理论。霍姆斯极具洞察力地指出,"法律并非始于理论。法律也决不会创设理论",并且认为,在普通法的历史演进中,随处充溢着曲折反复与潜移默化的作用。人们所能做的仅仅是,从中发现并证明法律发展的趋势。而这种法律发展的趋势,实际上是一个从无数案例中不断归纳总结的事实问题。②

为了探求侵权行为法中全部责任的共同基础,霍姆斯主张,应当考量侵权行为人承担其行为风险的基本原理,而不是去关注他的侵权行为实际上所导致的结果。因为"侵权行为法中充溢着道德术语"③,所以通过列举与分析大量普通法历史上的案例,霍姆斯详细阐释了侵权行为法中的这些常用术语或者概念,诸如不当行为、恶意、欺诈、故意、过失,等等。同时,他还

---

① 参见 Oliver Wendell Holmes, The Common Law, Boston: Little, Brown and Company, 1923, pp. 75 ~ 76。

② 参见 Oliver Wendell Holmes, The Common Law, Boston: Little, Brown and Company, 1923, pp. 77 ~ 78;中译文可参见[美]霍姆斯:《普通法》,冉昊、姚中秋译,中国政法大学出版社 2006 年版,第 68 ~ 69 页。

③ Oliver Wendell Holmes, The Common Law, Boston: Little, Brown and Company, 1923, p. 79.

提出了两种关于非故意损害(unintentional harm)的普通法责任的理论:其一,是奥斯丁基于"法律命令理论"所主张的"此类责任仅应以个人过错为基础";其二,是为一些伟大的普通法权威所接受的"依据普通法,个人应当承担自己行为的风险"。[①] 随后,霍姆斯先后从类推、理论或原则、诉讼程序、先例等几个方面,对第二种理论进行了正反两个方面——赞成与反对的论证——的仔细考察。

在经过对于诸多相关案例及基本理论的历史考察与分析之后,霍姆斯认为,判断侵权行为的基本标准应当是"审慎人"(prudent man)的标准,而任何法律标准都应当为人们所熟悉和了解。对此,霍姆斯解释道,

> 法律的标准是普遍适用的标准。法律并不考量那些极为多元化的性格、智力与教育因素,而正是这些因素导致某个特定行为的心理特征在不同的人之间呈现如此巨大的差异。基于许多充分的理由,法律并不试图像上帝那样看待人们。……法律通常依据应受谴责性(blameworthiness)确定责任,但此项规则也受到无法考量性格上的细微差异的局限。质言之,对于普通人——具有普通智力与审慎的人——而言,法律考量哪些行为应当受到谴责,并据以确定责任。[②]

据此,霍姆斯认为,一方面,法律推定或者要求个人具有避免损害邻人的能力,除非存在某些能被证明的清晰而显著的能力欠缺的情形,诸如盲人或者精神病人等;另一方面,法律并未一般地载定某人对非故意伤害(unintentional injury)承担责任,除非某个具有此项能力之人可以并且应当预见到这种伤害的

---

① 参见 Oliver Wendell Holmes, The Common Law, Boston: Little, Brown and Company, 1923, pp.79, 81~82。

② Oliver Wendell Holmes, The Common Law, Boston: Little, Brown and Company, 1923, p.108。

危险,或者,某个具有普通智力与预见之人应当对其行为承担责任。然而,值得注意的是,

> 法律仅仅在感知的范围内发挥功用。如果法律所要求的是诸如明确的行为与疏忽之类的外部现象,那么它将完全不会关注内心的良知现象。只要一个人是在规则范围之内行事,便可以具有随意选择的邪恶内心。质言之,法律的标准是外部的标准,并且,无论法律如何考量道德因素,都仅仅是为了在法律所允许的和不允许的身体的运动与静止之间划出界限。法律真正所禁止的以及唯一所禁止的,就是位于该界限不当一侧的行为,而该行为是应当受到谴责的,或者相反。①

此外,对于这种评判侵权行为的法律标准,霍姆斯又从理论层面补充解释了以下几个问题:其一,任何法律标准都必定是应当在同样情况下适用于所有人的标准,而不存在特殊的例外情况;其二,任何法律标准都必定能够为世人所熟悉和了解;其三,如果法律标准完全是一种外部行为标准,那么人们就必须始终自担风险地遵守此种标准。②

## 四、财产法律制度与理论

根据《普通法》的目录编排顺序,在接下来的第五篇、第六篇演讲中,霍姆斯依次详细论述了普通法中的财产法律制度,并且自始至终地发掘与探究其中所蕴涵的不断演变着的普通法精神。

---

① Oliver Wendell Holmes, The Common Law, Boston: Little, Brown and Company, 1923, p.110.

② 参见 Oliver Wendell Holmes, The Common Law, Boston: Little, Brown and Company, 1923, pp.110,111,113。

霍姆斯选择通过研究普通法中关于受托人(bailee)①的法律制度来理解普通法的占有理论,原因正是在于"不论在哪个法律体系之中,对于主流占有理论,我们均可以在该法律体系对待受托人的模式中找到它的检验标准"②。首先,霍姆斯以盗牛这一非法占有他人财产之行为为例,考察了古代日耳曼人的法律状态。关于盗牛的行为,5世纪的萨利克法与阿尔弗雷德大帝时期的盎格鲁—萨克逊法均规定:如果被盗之牛在3日内被找到,追寻者只要宣誓该牛的遗失是违背本人意志的,便有权牵走并占有该牛;如果被盗之牛在3日后被发现,在其愿意的情况下,被告人便可以通过宣誓来抗辩权利请求人遗失[牛]的事实。对此,霍姆斯认为,这是一项关涉财产救济的法律程序的规定,而该法律程序的启动与执行均源于权利请求人,尽管具有法律效力的依据仅仅是他关于违背本人意志之遗失财物的誓言,并且据此推断认为,在古代日耳曼法中,宣誓与适用该法律程序的权利是建立在占有(possession)而非所有(owner-ship)之基础上的。③ 换言之,这种自力救济(self - redress)实际就是古代日耳曼人的法律对违背本人意志丧失之财产所提供的救济方式与手段。

在上述对古代法状态的追溯与分析的基础上,霍姆斯凭借其非凡的想象力与创造力得出了以下几个推论:其一,对于所有者(或委托人)委托于他人(或受托人)之动产,在该动产被第三人不当地据为己有的情况下,有权对该不当行为提起诉讼的适格当事人只能是受托人而非委托人;其二,如果受托人将

---

① 霍姆斯在《普通法》中界定了"受托人"的法律内涵,即某人在有权控制某物时却并不所有该物,而且也不声称自己对该物的所有者的法律地位。参见 Oliver Wendell Holmes, The Common Law, Boston: Little, Brown and Company, 1923, p. 164。

② Oliver Wendell Holmes, The Common Law, Boston: Little, Brown and Company, 1923, p.164.

③ 参见 Oliver Wendell Holmes, The Common Law, Boston: Little, Brown and Company, 1923, p.165。

其掌控的动产出售或者转让给第三人,那么该动产的所有者只能起诉受托人而非第三人;[1]其三,正是由于所有救济手段均归于受托人,所以受托人负有不使委托人财产或者利益受到损害的义务。此外,在界定受托人之法律责任时,霍姆斯指出,受托人对财物之遗失(例如被盗)没有过错,并不能成为受托人承担责任的阻却事由或者免责事由,原因在于,既然受托人本人便可恢复遗失之财物,那么他就理应承担上述义务。[2]

　　然而,为什么这种理解与解释不同于现代的法律理论呢?霍姆斯认为,主要原因在于,随着时间的流逝,在上述理由逐渐消失的同时,财物所有者却取得了占有者(即受托人)的法律地位,从而有权对不当取得他人财物之人提起诉讼并获得救济,但受托人之严格责任却依然保留下来,只是因为法律中保留了此类规定。[3]因此,在霍姆斯看来,这就是导致原因与结果倒置的根源所在,因此纯粹的逻辑推理在忽视规则演进历史的同时往往会造成对规则本身的误读。这也是霍姆斯法律实用主义理念形成的主要理路之一。

　　在追溯了古代日耳曼法中受托人法律制度之后,霍姆斯转而考察诺曼征服后英格兰法(亦即盎格鲁—诺曼法)占有法律制度与理论的历史演进过程。霍姆斯认为,德国法学家的占有法律理论完全出自罗马法,除了罗马法之外,他们对于其他法

――――――――――

　　[1]　对于此项规则,受欧洲大陆民法传统影响(甚或受罗马法传统影响)的现代民法理论的一般解释是,为了保障交易安全,以保护从占有人那里购买或者以其他合法方式取得动产的善意第三人的利益;然而,相对于大陆民法传统而言,通过对古代法律文献的追溯与分析,霍姆斯则认为,在古代日耳曼人中,不可能具有如此现代化或者系统化的法律理念,而仅仅是因为,对于此类涉及第三人的动产占有关系,在古代日耳曼法所规定的诉讼形式中,没有可以适用于动产所有者的救济方式,所有的救济手段均归于受托人。

　　[2]　参见 Oliver Wendell Holmes, The Common Law, Boston: Little, Brown and Company, 1923, p.166。

　　[3]　参见 Oliver Wendell Holmes, The Common Law, Boston: Little, Brown and Company, 1923, p.167。

律体系（包括英格兰法）一无所知。因此，霍姆斯试图通过探究与阐释一个全新的、未曾经过哲学思考的法律体系，来澄清英格兰法的独特历史传统与制度累积。

以普通法中的受托人为切入点，霍姆斯通过对普通法法官——诸如布雷克顿（Bracton）、格兰维尔（Glanville）、利特尔顿（Littleton）、霍尔特（Holt）、汉克弗德（Hankford）等人——的法律解释以及年鉴、案例汇编的历史考察，详细分析了自 11 世纪以来英格兰法中的财产法律制度，并且得出了如下推论：其一，与萨利克法的规定相类似，英格兰法对不当占有财物之行为的法律救济或者诉讼程序，也是建立在占有而非所有的基础之上的；其二，如果委托人将财物交由受托人保管，而受托人却将财产出售或者赠与给第三人，那么第三人便因此而取得对该财物的财产权利，委托人不得对该第三人提起侵害之诉（trespass），但却可以通过请求返还动产之诉讼令状（writ of detinue）而获得充分的救济；其三，任何财物的占有者，不论是否受人委托以及应否承担责任，除了受托人，还有财物的拾得者，均可以对除了财物的真正所有者之外的任何干涉其占有之人提起诉讼；其四，在普通法理论中，一方面，受托人均享有真正的占有权，并可以依占有权而获得救济，另一方面，委托人可以提起回复占有之诉的理由并不在于委托人享有占有权，而更多的是由于历史遗留的残迹；其五，如果财物被他人不当占有（如盗窃、抢夺等），那么无论是否具有过错，受托人均应当对委托人承担绝对责任，即补偿委托人的财产损失。① 此外，在同一篇演讲中，霍姆斯运用同样的研究方法，还专门考察了普通法中涉及公共承

---

① 此项规则是依据普通法历史上著名的索斯考特诉贝内特案（Southcote v. Bennet）中的先例确定下来的，并且一直得到后世的遵循。

运人(common carrier)的法律规则①的演进过程。②

通过对普通法中受托人与公共承运人法律规则的演进过程的历史考察,霍姆斯总结认为,依据古代日耳曼人法律程序的性质,必然形成与发展出类似的法律规则,而上述历史考察也表明,与在其他方面一样,英格兰人也遵循了自己民族的传统。③

如果说,在《普通法》的第五篇演讲中,霍姆斯从实践层面详细考察了普通法中具体财产规则的演进并从中作出了总结性归纳,那么,在第六篇演讲中,霍姆斯开始从理论层面详细论证普通法中的占有(possession)理论以及其他相关的法律概念。

霍姆斯从一个英美法律人的视角指出,普通法体系并不是仅仅关注法律的实用性,而忽略了法律制度的哲学或者理论基础。基于这种宏大的视角与眼光,霍姆斯梳理并简要分析了德国哲学家或者法学家——特别是康德、黑格尔、萨维尼以及耶林——的理论学说及其对法律的影响,试图运用比较研究的方法,达到下述目的:作为一种远比罗马法更为发达、更为理性也更为有力的法律体系,普通法体系并不需要依赖德国哲学家或者法学家所主张的哲学或者理论学说来予以正当性或者合理性的解释。④

德国哲学家与法学家曾经对下述问题进行过激烈的讨论,即关于"占有"是属于事实亦或权利的问题。对此,霍姆斯认为,法律上的权利即是允许运用某种自然力量,并且可以在某

---

① 此项规则的具体内容是:公共承运人对于从在其掌控下而被盗之财物,或者以除了由不可抗力(act of God)或者公敌(public enemy)之外的其他方式使其丧失对财物之掌控的财物,应当承担责任。参见 Oliver Wendell Holmes, The Common Law, Boston: Little, Brown and Company, 1923, p. 180。

② 参见 Oliver Wendell Holmes, The Common Law, Boston: Little, Brown and Company, 1923, pp. 167~205。

③ 参见 Oliver Wendell Holmes, The Common Law, Boston: Little, Brown and Company, 1923, p. 173。

④ 参见 Oliver Wendell Holmes, The Common Law, Boston: Little, Brown and Company, 1923, pp. 206~210。

种条件下借助公共力量而得到保护、返还或者补偿；因此，只要占有权得到保护，便属于一种与寻求相同保护的所有权同等的法律权利渊源；同时，每一种权利均是依据法律而界定的某个或者多个事实的后果；基于上述分析，"占有"即指示着依据法律而界定的一系列事实，并且隐含着法律使占有人在该特定情形下处于优势地位。在霍姆斯看来，诸如占有、财产权、合同等法律复合概念（legal compounds）均可以类似的方式解析为事实与权利、原因与后果。①

在研究普通法中的"占有"时，霍姆斯主张从最初取得占有之时展开分析，因为这样可以比较清晰地看到构成占有的全部事实要素。某人为了取得占有，必须与占有对象和其他所有人存在一种特定的自然关系，而且还必须具有一个特定的意图（intent）。上述这种自然关系与意图即是构成占有的事实要素，也正是霍姆斯意欲展开研究的对象。一方面，关于与占有对象和其他人的"自然关系"问题，通过几个典型案例的分析，霍姆斯指出，对占有对象享有的足以构成占有的权力与不足以构成占有的权力之间的区分，仅仅是一个程度问题，权力界线可以在不同的时间和地点依据占有人获得的对占有对象的权力之程度以及获得的对抗其他人的权力之程度而予以划定。另一方面，关于构成占有之"意图"，霍姆斯认为，德国法学家的理论——特别是德国人在康德哲学或者后康德哲学的影响下解释罗马法的理论——是无法令人满意的，因而拒绝运用这种罗马法标准来解释占有之法律性质。于是，霍姆斯进而主张，在普通法理论中，法律对占有所要求的意图就是排除他人干涉的意图。

就占有的后果或者性质而言，霍姆斯主张，在某个行为构成占有之后，或者说，只要对某物取得占有，占有人就获得了对

---

① 参见 Oliver Wendell Holmes, The Common Law, Boston：Little, Brown and Company, 1923, p. 214。

抗其他所有人的权利,除非出现了某些足以剥夺该项占有的事实或者情况。此外,原本适用于动产的法律规则,随着时间的流逝,也逐渐适用于土地。具体而言,即对于土地之(在先)占有完全可以通过提起侵害之诉而对抗其他人或者取得法律救济。①

之后,霍姆斯还简要论及了雇员与雇主的关系、代理以及所有(ownership)等相关法律概念与理论。

## 五、合同法理论

在接下来的三篇演讲中,霍姆斯对普通法中的合同法理论的历史②、构成要素以及法律效力等问题展开了详细的考察与论证,从而进一步探究隐蔽于制度演进过程中的普通法精神。

在《普通法》的第七篇演讲中,霍姆斯首先考察了早期普通法中几种典型的合同形式。其一,是承诺誓言(promissory oath),但在现代普通法中,已经不再具有任何私法上的意义了,尽管仍然予以适用,但仅限于公务人员就任公职或者普通人取得某种特定身份时的仪式,例如法官或者陪审员的宣誓以及归化公民的入籍宣誓等。其二,是保证(suretyship),在现代合同理论中,保证仅仅是一种附属性合同关系,是附属于某个主合同关系而存在的;而在古代法中,保证似乎源于纠纷冲突当事人一方所提供的人质(hostage)。在许多古代法律中,可以找到下述规则:被指控实施不当行为的被告人,要么提供一个担保人,要么被监禁。此处的担保人的地位便类似于人质。在刑事

---

① 参见 Oliver Wendell Holmes, The Common Law, Boston: Little, Brown and Company, 1923, pp. 235~244。

② 尽管指出普通法中的合同法理论已经得到巨大改造以适应现代的需求,似乎没有必要对该领域进行历史考察,但霍姆斯仍然认为,简要说明有关合同的法律规则的演进过程,分析其主要特点,不仅很有意思,而且还有助于揭示出某些新的特征。参见 Oliver Wendell Holmes, The Common Law, Boston: Little, Brown and Company, 1923, p. 247。

诉讼与民事诉讼分离之后,上述担保人即演变成了刑事法律中的保证人(bail)。这种保证之起源的历史表明了它是普通法中最早出现的古代合同形式之一。其三,是债务(debt),也是一种古老的合同形式,并且早期的金钱债务之诉实际上就是一种追偿金钱的权利主张的普通程式。澄清这一点,有助于理解构成现代合同法的某些具体规则。①

接着,霍姆斯转而考察在英美合同法中的重要概念“约因”(consideration)的演进过程。在普通法理论中,只有存在约因,某项承诺——无论是口头形式还是简单书面形式——才具有法律上的拘束力。传统上,通常认为,此项规则是衡平法院从罗马法中借来的,在经过衡平法院的修订后,适用于普通法之中。但霍姆斯对上述观点提供了质疑,并且认为通过考察金钱债务之诉有助于厘清这个问题。

在早期的金钱债务纠纷中,如果被告否认债务,那么原告若欲胜诉,就必须以当时的法律认可的方式来支持自己的诉讼请求,具体方式包括决斗(duel)、文书(writing)与证人(witness)。霍姆斯认为,决斗方式很早便被放弃,故应重点研究依据文书与证人而进行的对债务纠纷的审判。通过对英格兰法早期的判例集和判例汇编的考察,霍姆斯发现,运用证人审判方式的案件似乎仅限于因买卖或者借款而导致的权利主张。在格兰维尔时代,唯一的合同诉讼就是追偿债务之诉,而不用凭借书证而获得赔偿的也仅仅是追偿债务之诉。然而,将证人誓言作为结案的全部依据,并不是一个令人满意的审判方式,故而,在法庭上,呈示能够被认定为被告所签发的承认债务的书面证据,特别是在印章普及之后,得到了普遍的接受与认同。②

至此,不得不面对一个关键性问题:约因是如何在追偿债

---

① 参见 Oliver Wendell Holmes, The Common Law, Boston: Little, Brown and Company, 1923, pp. 247~251。

② 参见 Oliver Wendell Holmes, The Common Law, Boston: Little, Brown and Company, 1923, pp. 252~262。

务之诉中逐渐形成的？霍姆斯逐个分析了自爱德华三世至亨利六世时期的多个典型案例，从而厘清了约因规则的完整发展过程。在第一阶段，追偿债务之诉是追回应得金钱的唯一救济方式，此时，尚未形成约因理论；在第二阶段，约因规则开始以其早期形式——承诺人获得某项收益——而被引入普通法中，并且适用于除封印合同（covenant）之外的所有合同形式；在第三阶段，约因理论得到进一步发展，甚至明确表达为接受承诺之人所遭受的损害。之后，霍姆斯又以同样的方法考察了封印合同与简约之诉等相关问题，并且在考察过程中详细分析了约因理论的深入发展与演变。[①]

在完成对普通法中合同的历史考察之后，霍姆斯进而详细分析了在普通法理论中合同的构成要素，即约因（consideration）与承诺（promise）。如前所述，对于某项承诺而言，交付即构成一个充分的约因，例如支付原本承诺的 1000 美元。然而，判断某个行为内容是否构成约因，则取决于当事人对它的处理。霍姆斯指出，提出与接受某项约因的目的仅仅是为了使承诺具有约束力；从实质意义上言，依据约定的条款，约因是作为承诺的动机或者诱因而被提出和接受的；反之，承诺也必须是作为提供约因的约定性动机或者诱因而被作出和接受的。因此，约因与承诺应当彼此互为互惠的、约定性的诱因。[②]

在普通法理论中，通常而言，具有法律约束力的承诺的唯一普遍后果，并不取决于承诺人对其承诺之事件或者行为所具有的掌控能力之程度。质言之，只要承诺人所承诺之事件或者行为没有发生，依据普通法，承诺人（或者诉讼中之原告）就应当以其一定范围内的财物赔偿因该事件或者行为没有发生而给接受承诺人所造成的损害。需要补充的是，在普通法中，仅

---

① 参见 Oliver Wendell Holmes, The Common Law, Boston: Little, Brown and Company, 1923, pp. 267～287。

② 参见 Oliver Wendell Holmes, The Common Law, Boston: Little, Brown and Company, 1923, pp. 289～296。

就承诺之构成而言,除了具有一方当事人的保证(assurance)或者要约(offer)之外,还必须具有对方当事人的接受(acceptance)。之后,霍姆斯又简要考察了一些涉及双方合同的特有问题,以佐证普通法中的约因以及合同理论。

在讨论与分析了合同的构成要件以及合同成立的法律后果之后,霍姆斯在《普通法》的第九篇演讲中详细考察了合同法理论中的两种特殊情况:无效合同(void contract)与可撤销合同(voidable contract)。

在普通法传统上,人们认为,合同无效的原因在于错误(mistake)、虚假陈述(misrepresentation)或者欺诈(fraud)。然而,霍姆斯却主张上述几种情形仅仅是戏剧化的表现形式而已,实质上,导致合同无效的真正原因在于合同的基本构成要件的缺失,具体体现为以下三个方面:其一,是仅存在一方当事人,或者说,没有第二方当事人;其二,是合同双方当事人所指涉的物不同;其三,是合同中关键性术语的意指实际上存在矛盾。通常而言,只要具备基本的构成要素,合同即获得成立,故而合同并不会因构成要素之外的其他原因而导致无效。①

正如霍姆斯所言,"法律的区分基于经验而非逻辑。因而,法律并不要求人们依据数学式的精确程度从事交易行为"②,因此,合同的存在形态不只是有成立或者不成立,在某些情况下,合同也可以是可撤销的。质言之,某项合同成立与否,完全取决于合同一方当事人的选择。对此,霍姆斯认为,如果关于合同内容的陈述是善意的,此项合同就具有约束力;但是,如果关于合同内容的陈述是欺诈性的,此项合同就是可撤销的。③

---

① 参见 Oliver Wendell Holmes, The Common Law, Boston: Little, Brown and Company, 1923, pp. 308~315。

② Oliver Wendell Holmes, The Common Law, Boston: Little, Brown and Company, 1923, p. 312.

③ 参见 Oliver Wendell Holmes, The Common Law, Boston: Little, Brown and Company, 1923, pp. 315~323。

## 六、继承与财产转让理论

近代的转让理论在很大程度上依赖于继承的概念,因而,霍姆斯在第十、第十一篇演讲中详细地考察并阐述了普通法中继承的概念及相关理论。就继承理论而言,一般又可以分为死后继承(successions after death)与生前转让(successions inter vivos)两种理论。

在《普通法》第十篇演讲的前半部分——"死后继承"中,通过考察在罗马社会初期罗马家庭的结构与地位,霍姆斯试图厘清并且阐明继承理论中的几个基本概念,例如遗嘱执行人(executor)、继承人(heir)、接受遗赠人(devisee),等等。在总结以往理论的基础上,霍姆斯认为,在罗马法和日耳曼法的发展初期,家庭始终是社会的基本单位。在罗马法体系中,当家父死后,继承人便获得了处分自己财产的全部权力,据此便可以容易地理解继承人对死去之家父的继承。基于法律的目的,罗马的继承人逐渐被视作与被继承人具有同一人格而加以对待。正如霍姆斯所言,现代遗嘱执行人的特征源自罗马法上的继承人;而遗产管理人(administer)仅仅是后来针对没有遗嘱或者基于其他原因而缺失遗嘱执行人时,由制定法拟制遗嘱执行人而引入的概念。[1]

遗嘱执行人对立遗嘱人的全部动产享有法定所有权(legal title)以及财产转让(alienation)的权力,原因在于,就法律意义而言,遗嘱执行人是在代位行使立遗嘱人之权利。通过比较研究,霍姆斯得出结论认为,普通法中的遗嘱执行人与罗马法中的继承人之间具有相当的相似性。[2]

然而,在普通法体系中,遗嘱执行人与遗产管理人例证了

[1]　参见 Oliver Wendell Holmes, The Common Law, Boston: Little, Brown and Company, 1923, pp. 340~344。

[2]　参见 Oliver Wendell Holmes, The Common Law, Boston: Little, Brown and Company, 1923, pp. 344~345。

概括继承制度的存在，但他们并不继承所有类型的财产，而仅仅继承动产；如果属于未依遗嘱分配的不动产，则全部归属于继承人，并且不动产继承规则也区别于动产分配规则。在普通法中，继承人并不属于概括继承人。大致在 12 世纪，格兰维尔及其效仿者均未将继承人之责任局限于其所继承的财产范围之内；约 13 世纪，正如布雷克顿所言，继承人仅将其义务局限于其所继承的财产范围之内，并且在诺曼及其他地区也出现了此类限定。①

此后，霍姆斯又分析了人格（persona）的概念，进而指出，每一个继承均体现了某种不同的人身关系；而且，每一份可继承的地产既包含着一个不同的人格，也属于一份不同的继承地（hereditas）或者遗产（inheritance），并且可以由一个人或者多个人一起继承。

综上所述，霍姆斯总结认为：其一，在现代英格兰法中，继承人的主要特点源自诺曼征服后不久即确立起来的那些法律，与此同时，继承人是一个极为宽泛意义上的概括继承人；其二，之后，继承人的诸多功用转给了遗嘱执行人，于是，继承人之权利与义务仅仅局限于不动产；其三，对每一份可以继承的地产或者遗产的继承均是单独的，而不是可被视作整体的被继承人之权利总和的组成部分之一。②

在霍姆斯看来，探究与分析普通法中的继承理论，有助于理解［生者之间］财产转让理论。为了进一步理解财产转让理论，霍姆斯在该篇演讲的后半部分与第十一篇演讲——"生前［财产］转让"中，首先详细考察与分析了罗马法以及日耳曼法与盎格鲁—萨克逊习惯法的历史残迹，因为他认为日耳曼法和盎格鲁—萨克逊法是"普通法的祖先，支撑着这座法律大厦的

---

① 参见 Oliver Wendell Holmes, The Common Law, Boston：Little, Brown and Company, 1923, pp. 345～348。

② 参见 Oliver Wendell Holmes, The Common Law, Boston：Little, Brown and Company, 1923, pp. 351～352。

一侧"①。一方面,在早期的日耳曼法和罗马法中,保留了许多家庭所有权的痕迹;另一方面,语词内涵的改变反映了法律制度的演进过程,例如"概括继承人"(heres),该词起初意指死者财产的继承人(successor),之后扩展至临终受赠人(donee mortis causa),后来在更为宽泛的意义上指普通受让人(grantees in general),甚至"继承"(hereditare)一词也包含了土地转让的意思。在早期罗马法中,由于受家庭关系的影响,继承人与死亡的被继承人之间的关系仅限于父系血亲之间,后来裁判官(praetor)通过拟制的方式将继承的利益扩展到其他一些血亲范围之内。之后,财产转让并不仅限于世袭继承,既可以采用合同或者购买的方式,也可以通过继承或者遗嘱的方式。查士丁尼的《罗马法大全》清晰地表明,此类财产收益已经扩展适用于不同情况中的购买人。据此,霍姆斯认为,在不断演进的古代法中,每个法律上的财产转让关系,或者预设某个继承关系,或者预设某个对继承关系的类推可以扩展适用于其上的关系。②

最后,在依次详细分析英格兰法中的时效、遗赠、保证、地役权、地租以及用益权等重要法律概念与制度理论的基础上,霍姆斯总结认为,通过对不同地域古代法律的历史考察,可以较为清晰地发现,在某种权利得以形成之事实环境或者条件无法同时转让时,纯粹的权利转让是很难真正实现的;通过法律拟制的转让,似乎仅仅例证了下述观点:在某种意义上,受让人实际上就是让与人的准继承人。③

---

① Oliver Wendell Holmes, The Common Law, Boston: Little, Brown and Company, 1923, pp. 355.

② 参见 Oliver Wendell Holmes, The Common Law, Boston: Little, Brown and Company, 1923, pp. 355~366。

③ 参见 Oliver Wendell Holmes, The Common Law, Boston: Little, Brown and Company, 1923, pp. 366~409。

# 第四章　法律预测理论

　　如果你们只想知道法律而不是其他什么东西,那么你们就一定要以一个坏人的眼光来看待法律,而不能从一个好人的视角来看待法律,因为坏人只关心他所掌握的法律知识能使他预见的实质性后果,而好人则总是在较为模糊的良知约束状态中去寻求其行为的理由,而不论这种理由是在法律之内,还是在法律之外。……如果我们采取我们的朋友即坏人的观点,那么我们就会发现,他毫不在意什么公理或者推论,但是,他的确想知道马萨诸塞州或者英格兰的法院实际上可能将要作什么。我非常赞同他的想法。对于法院实际上将要做什么的预测(prophecies),而不是什么其他的自命不凡,就是我所谓的法律的含义。①

　　　　　　　　　　——奥利弗·温德尔·霍姆斯

　　从前面涉及的个人经历及其思想的形成与发展过程来看,霍姆斯本人是一个非常博学的思想家。他不仅经历了美国历史、甚至是世界历史上一个伟大的变革时代,而且其自身就处于美国法律界与法学界的风口浪尖之上。同时,由于其本人的性格与气质,他接触了当时的诸多思想家、大法官、法学家与社会活动家,并对他们的思想与行为进行了深入的思考,在实践

---

　　① Oliver Wendell Holmes, The Path of the Law, 10 Harvard Law Review 457, 459~461(1897);中译文参见[美]霍姆斯:《法律的道路》,载《法律的生命在于经验——霍姆斯法学文集》,明辉译,清华大学出版社2007年版,第210、211页。

中逐渐形成了自己的独特法哲学思想,进而影响了整个美国法律思想的方向与进程。霍姆斯的法哲学思想主要体现在他的经典著作《普通法》、一系列包括"法律的道路"、"自然法"在内的著名演讲、法律意见书和与他人(如波洛克、拉斯基、吴经熊等人)的通信当中。在领悟与解读其法哲学思想的过程中,可以清晰地感受到一种弥漫于其间的对于西方法律传统的批判精神。

霍姆斯的极具开创意义的经典之作——《普通法》是法律由"神谕"向"反映"转变过程中的一个标志性的里程碑。实际上,在霍姆斯所处的那个时代,布莱克斯通的《英格兰法释义》中所形成的理性主义已经略微剥去一些法律的神秘主义色彩。但是,布莱克斯通却用一个理性的教条代替了一个宗教的教条。布莱克斯通的法律来自上帝或者天空,而霍姆斯的法律则来自构成一个完美体系的普通法。普通法通过一个个案例——好像通过一只与亚当·斯密所称的操纵着市场的相似的"看不见的手"——缓慢地却令人惊奇地展示并完善着自己。那些在先前案例中被揭示出来的规则,被训练有素的律师与法官所认识并继续运用于此后的案件当中。随着一个案件接着一个案件的延续,正是霍姆斯而不是其他任何人推翻了法律作为一套超验理性规则的观念。考虑一下《普通法》中的开篇文字:"法律的生命不在于逻辑,而在于经验"[1],带着超凡的鉴别力,以其深湛的法律学识,霍姆斯指出,法律将成为一个具有适应性的、旋转的万花筒,反映着当前的需求及琐碎的在先法律,继而反映出过去的整个时代。在霍姆斯看来,"对于法院实际上将要做什么的预测,而不是什么其他的自命不凡,就是我所谓的法律的含义",[2]因此,法律并非"天空中某种沉思着的无处不

---

① Oliver Wendell Holmes, The Common Law, Boston: Little, Brown and Company, 1923, p. 1.

② Oliver Wendell Holmes, The Path of the Law, 10 Harvard Law Review 457, 461 (1897).

在"，而是由法院判决所引致的主权者的命令。因而，在许多人眼中，法律现实主义天生具有一种愤世嫉俗的观点，认为法律是一种对社会主导或者优势力量的偏好的反映，并且通常是由那些身着象征庄严与神圣的黑色法袍的上层社会的中年男性①将其联贯起来的。然而，极具讽刺的是，霍姆斯却自豪地将自己也列入这一群体之中。②

霍姆斯在其经典法学著作《普通法》的第一篇演讲中便明确指出：

> 本书的目的在于提出一个关于普通法的概观。为了完成这一任务，除了逻辑之外，还需要借助其他工具。说明某一体系的前后一致需要特定的结果，是非常重要的，但是，这并非全部。法律的生命不在于逻辑，而在于经验。时代的需求、流行道德和政治理论、对公共政策的直觉，不论是公认的还是无意识的，甚至法官及其同事们所共有的偏见，在决定治理人们的规则方面，比演绎推理影响更大。③

这是一段100多年来始终被众多法学家、法官以及律师所津津乐道的对于法律的经典描述。然而，这里的"经验"意味着

---

① 这里意指美国法官，特别是联邦最高法院大法官，因为至少在20世纪30年代以前（实际上直至20世纪70年代），美国法官基本上是由中年男性所构成的。然而，桑德拉·D.奥康娜（Sandra Day O'Conner）于1981年被里根总统任命为美国联邦最高法院大法官（同时，她还是美国历史上第一位在总统就职典礼上领读誓词的女性大法官；2005年退休，曾经多次到中国发表演讲），从而成为美国联邦最高法院历史上第一位女性大法官。此后，作为一位女性大法官，金斯伯格（Ruth Bader Ginsburg）也进入美国联邦最高法院。这似乎（至少在数字或者形式意义上）标志着一种对美国法律传统上由男性法官垄断司法权的冲击甚或颠覆。

② 参见 Jeffrey O'Connell and Thomas E. O'Connell, From Doctor Johnson to Justice Holmes to Professor Laski, 46 Maryland Law Review 320(1987)。

③ Oliver Wendell Holmes, The Common Law, Boston: Little, Brown and Company, 1923, p.1；中译文参见[美]霍姆斯：《责任的早期形式》，载《法律的生命在于经验——霍姆斯法学文集》，明辉译，清华大学出版社2007年版，第82页。

什么？"逻辑"又指的什么？为什么法律的生命在于经验？难道逻辑在法律中就没有任何意义吗？只有真正弄清了这些问题,我们才有可能真正理解霍姆斯,才有可能真正理解他的法哲学思想。霍姆斯对这些问题作出了自己独特的理解与阐释。霍姆斯认为,法律发展的历史说明了法的形式和实质之间存在着自相矛盾之处。从形式而言,法律的演进的确是逻辑的。在实践中,每一项判决都是法官根据先例通过演绎推理而作出的。然而,随着时间的流逝,法律规则的内涵及其产生的理由已经被世人渐渐地忘记甚或曲解。正如霍姆斯所言:

> 这是一个非常普遍的现象,也是一个对于历史专业的学生而言非常熟悉的现象。原始时代的习俗、信仰或需要确立了一种规则或者一种惯例。在几个世纪的发展过程中,习俗、信仰或需要消失了,但规则却得以保留。产生规则的理由已被忘记,而敏锐的思想令自己去探寻它如何得以说明。一些有关政策的理由被考虑到,它们似乎解释了它并使它符合目前的事物状态;接着,规则使自身适应这一为其提出的新的理由,并开始进入一个全新的领域。古老的形式接受了一个全新的内容,甚至有时这种形式修改自身以适应已接受的意义。讨论中的这一主题非常清晰地阐明了事物的这一发展过程。①

因此,遵循先例就常常会导致逻辑推理的混乱与错误。从本质而言,法律的成长是通过立法得以实现的,但实际上,法院根据原有法律规则所作的判决就是一种全新的法律。普通法的历史证明,当法官在承袭古代的法律规则时,又不可避免地赋予其适应现实的新的理由。这种新的理由逐渐被充实进更

---

① Oliver Wendell Holmes, The Common Law, Little, Brown and Company, Boston, 1923, p. 5.

新的内容,最终成为一种新形式的法律规则。然而,这一演变过程通常无法为我们所意识到,因此,霍姆斯认为,"法律不断演变却从未达到一致,这是一个颠扑不破的真理。它永远从生活中汲取新的原则,并总是从历史中保留那些未被剔除或未被汲取的东西。只有当法律停滞不前时,它才会达到完全一致"。① 由此可见,霍姆斯所说的"经验",也就是法官根据不断变化的现实社会生活,在遵循先例的前提之下,通过考虑一些政策理由,而赋予先例以新的意义。

对于"逻辑"及其在法律发展中的作用,霍姆斯并不是予以简单的否定或者忽视,而是也进行了专门的详细阐述。针对当时流行的法律形式主义观念,霍姆斯明确指出:"我所提到的这一谬误就是这样一种观念,即在法律的发展中,唯一发挥作用的力量是逻辑。"②然而,他并没有一般地否认逻辑在法律发展中的作用。他认为,"在最宽泛的意义上,无疑,这一观念是正确的",因为"在每一现象与其前因后果之间存在某种定量关系",所以,"正如任何其他事物一样,法律的确是一个合乎逻辑的成长物"③。霍姆斯认为,问题的危险性不在于承认适用于其他事物的逻辑原则也适用于法律,而在于这样一种观念,即认为法律规则可以和数学公式一样从一般的原理中推导出来。由此可见,霍姆斯反对逻辑,主张经验在法律发展中的重要地位和作用,是为了使法律的发展尽可能地与社会发展需求相适应。

通过上述分析,可以得出霍姆斯法哲学的基础是这一原

---

① Oliver Wendell Holmes, The Common Law, Little, Brown and Company, Boston, 1923, p. 32.

② Oliver Wendell Holmes, The Path of the Law, 10 Harvard Law Review 457, 465 (1897);中译文参见[美]霍姆斯:《法律的道路》,载《法律的生命在于经验——霍姆斯法学文集》,明辉译,清华大学出版社 2007 年版,第 216 页。

③ Oliver Wendell Holmes, The Path of the Law, 10 Harvard Law Review 457, 465 (1897);中译文参见[美]霍姆斯:《法律的道路》,载《法律的生命在于经验——霍姆斯法学文集》,明辉译,清华大学出版社 2007 年版,第 216、217 页。

则:法律根本不是已经完成了的既定之物,也不是绝对一成不变的,而是永远处于发展之中的;法律既非来自自然法学家心目中的"上帝"或"自然",也非历史法学家所认为的那样完全来自历史,更非实证主义法学家所设想的那样完全来自逻辑的分析,而是主要源自经验。霍姆斯在整个法官生涯中,始终遵守法律必须产生于经验这一实用主义原则。

正是基于这一原则,很多人认为霍姆斯是一个"激进主义者",但实际上,霍姆斯在审判方式上是比较保守的。在1905年的洛克纳案中,霍姆斯不同意最高法院关于纽约州为面包房规定最高工时的法令无效的判决。在该案中,霍姆斯明确表达异议,从根本上对美国联邦最高法院多数方的司法哲学提出了质疑与挑战:

> [《宪法》]第十四修正案并未通过立法的形式确定赫伯特·斯宾塞先生的《社会静力学》(Social Statics)[中的理论]。……《宪法》并不是为了体现某种特殊的经济学理论而设计的,不论是有关家长主义和公民与国家的系统关系的理论,还是自由放任(laissez faire)理论。……每一项司法意见都有可能成为一部法律。我认为,当第十四修正案中的"自由"被用以阻止主流意见的正常结果时,"自由"这个词便遭到了误解,除非有人会认为,一个理性与公正之人愿意承认此项被提议的法令会违背基本原则,而那些基本原则又是通过我们人们和法律的传统加以理解的。①

在洛克纳案和其他类似案件中,霍姆斯冷静而理性地警告代表当时主流观念的美国联邦最高法院的多数方法官们,最高法院不应当用自己的判断代替州议会的判断与决策。除非《宪

---

① Lochner v. New York, 198 U. S. 45,74(1905)(dissenting);中译文参见[美]霍姆斯:《法律的生命在于经验——霍姆斯法学文集》,明辉译,清华大学出版社2007年版,第304~305页。

法》上作出了明确的禁止性与惩罚性规定,否则,大多数人都有权将他们的意见体现为法律。在此,霍姆斯的态度与立场,根源不仅在于实用主义,而且也在于社会达尔文主义。在法律领域,如同在生活的其他领域一样,强者应该而且将会生存下去。同理,法律的演变也是渐进的,并且总是和它发展的历史相联系。霍姆斯认为:

> 法律体现了一个民族经过诸多世纪发展的过程,但是它仍未得以解决,好像它只包含了一本数学书中的公理和推论。为了了解它现在是什么,我们必须了解它过去是什么,以及它将来可能成为什么。我们必须交替参考立法的历史与现存理论。但是,最困难的工作将会是理解在每一时期两者结合而成的新的产物。就现状而言,在任何特定的时期,法律的本质基本上符合当时被理解为适当的东西;但是法律的形式与体系以及其能够实现预期结果的程序,很大程度上有赖于它的过去。①

霍姆斯提出了"是什么决定了法律的内容和发展"这一问题。然而,从不同的角度来看,存在不同的答案。霍布斯、奥斯丁与边沁认为,法律是主权者的命令;萨维尼认为,法律是"民族精神"或"民族意识"。霍姆斯则通过批判这一观点,即"在法律的发展中,唯一发挥作用的力量是逻辑"②,进而提出了社会利益的观念,即社会利益的责任是一个法官无法回避的责任。为了达到这一点,就要承认司法判决中存在不关联性和不

---

① Oliver Wendell Holmes, The Common Law, Little, Brown and Company, Boston, 1923, p.1;中译文参见[美]霍姆斯:《责任的早期形式》,载《法律的生命在于经验——霍姆斯法学文集》,明辉译,清华大学出版社2007年版,第82页。

② Oliver Wendell Holmes, The Path of The Law, 10 Harvard Law Review 457, 465(1897);中译文参见[美]霍姆斯:《法律的道路》,载《法律的生命在于经验——霍姆斯法学文集》,明辉译,清华大学出版社2007年版,第216页。

可认识性。因此,如果人们想要知道一条法律规则具有一种特定的形式,或者,如果人们想要知道它为什么存在,那么人们就应该回到传统中去。"在很大程度上,对于法律的理性研究仍然是对于历史的研究"①,而研究历史的目的就在于历史经验对于现代思想的影响。

在《法律的道路》这篇演讲的开篇,霍姆斯语出惊人:"当我们研究法律时,我们不是在研究一个神秘莫测的事物,而是在研究一项众所周知的职业。我们是在研究那些我们所需要的东西,以使其可以呈现于法官面前,或者可以建议人们通过这种方式免于卷入诉讼。"②

然而,法律是一种职业吗? 还是一种关于正义的理念,或者一种纯粹的规范体系? 霍姆斯认为,在现代社会中,公共权力被委托给法官,法官通过作出裁判来执行国家权力。生活在这个社会中的人们需要了解,在何种情况之下,以及在多大程度上,会面对与比之强大得多的力量相对抗的危险,因此,预测何时可能会遭遇这种危险,就成为一项职业——"我们研究的目的就是预测(prediction),就是对于公共力量通过法院这一工具而产生的影响范围的预测"③。霍姆斯指出,研究法律的方法就是阅读、分析各种法院判决和成文法。这些法律文件中蕴涵着对法官今后判案的各种预测——"法之神谕"。任何一种法律思想都是为了使这一"神谕"更加准确,并使其成为与法律制度完全吻合的一般化理论。而法律思想正是作为"传谕者"的

①　Oliver Wendell Holmes, The Path of The Law, 10 Harvard Law Review 457, 469(1897);中译文参见[美]霍姆斯:《法律的道路》,载《法律的生命在于经验——霍姆斯法学文集》,明辉译,清华大学出版社 2007 年版,第 221 页。

②　Oliver Wendell Holmes, The Path of The Law, 10 Harvard Law Review 457, 457(1897);中译文参见[美]霍姆斯:《法律的道路》,载《法律的生命在于经验——霍姆斯法学文集》,明辉译,清华大学出版社 2007 年版,第 207 页。

③　Oliver Wendell Holmes, The Path of The Law, 10 Harvard Law Review 457, 457(1897);中译文参见[美]霍姆斯:《法律的道路》,载《法律的生命在于经验——霍姆斯法学文集》,明辉译,清华大学出版社 2007 年版,第 207 页。

法官在实际判案经验的基础上形成并总结出来的。

随后,霍姆斯提出了其经典的法律概念:

> 如果你们只想知道法律而不是其他什么东西,那么你们就一定要以一个坏人的眼光来看待法律,而不能从一个好人的视角来看待法律,因为坏人只关心他所掌握的法律知识能使他预见的实质性后果,而好人则总是在较为模糊的良知约束状态中去寻求其行为的理由,而不论这种理由是在法律之内,还是在法律之外。……如果我们采取我们的朋友即坏人的观点,那么我们就会发现,他毫不在意什么公理或者推论,但是,他的确想知道马萨诸塞州或者英格兰的法院实际上将要做什么。我非常赞同他的想法。对于法院实际上将做什么的预测(prophecies),而不是什么其他的自命不凡,就是我所谓的法律的含义。①

这一经典的法律定义后来"成了某些美国法律现实主义者信条中的一项最基本的原则"②。霍姆斯坚持认为,法官不是法律的发现者,而是它的创造者。因此,在实际意义上,法律就是法院要强制执行的东西,是法官自身意志、偏好和感情的产物。而检验判决是否公正的尺度不是形而上学的或者神学的正义和善良标准,而是社会的需要。法官的职责是采取过去的规则和先例,并按照当前社会的需要而对其加以塑造。"一部健全的法律的首要条件是它应当符合社会的实际感情和要求,无论是正确的或错误的"③。 在假定社会的需要和要求是法律的最

---

① Oliver Wendell Holmes, The Path of the Law, 10 Harvard Law Review 457, 459 ~ 461(1897);中译文参见[美]霍姆斯:《法律的道路》,载《法律的生命在于经验——霍姆斯法学文集》,明辉译,清华大学出版社 2007 年版,第 210 ~ 211 页。

② [美]博登海姆:《法理学:法律哲学与法律方法》,邓正来译,中国政法大学出版社 1999 年版,第 152 页。

③ Oliver Wendell Holmes, The Common Law, Boston:Little, Brown and Company, 1923, p.41.

高依据时,霍姆斯并不是说法律可以随便地或不合理地加以解释。但是,如何解决创造法律与任意解释之间的矛盾这一问题呢? 在此,霍姆斯开始求助于法官的自我约束(self - restraint)。霍姆斯的"司法自我约束"原则意指,法官应当假定立法者具有认识和理解社会问题的智慧和经验,并且假定他们通常情况下会采取合理的行动与措施以设法解决这些问题。除非有证据证明,立法机构的某种行为是武断的或者不合理的,否则,法院不应当予以干涉。从而,在上述假定的基础上,要求法官避免让他们的个人意见影响其司法判决。

这一法律预测理论否认法律是由客观外在的非个人化规范所构成的实体,因此,在这一理论当中就隐含了一种怀疑主义的法律观。尽管否认法律是一种非个人化的抽象实体,但在司法实践中,霍姆斯意识到法律会影响人们的行为,在这个意义上,法律又的确是真实存在的。这似乎构成了一个康德式的二律背反命题。要想回答这一命题,就不得不去探究"法律是如何影响行为的"。从一个具体案件的程序角度来看,就不难发现法律对于人们行为的影响了。在一个普通侵权案件中,被告因疏于注意而驾车撞伤了原告,原告将其诉至法院,法院依法判决被告承担侵权责任,赔偿原告因其侵权行为而遭受的损失(包括医疗费、误工费等)。此时,假设被告不履行生效判决中的侵权责任,那么用什么来维护原告的合法权利呢? 是法律吗? 显然不是,它已经由法律条文变成了司法判决。这时,隐藏于法律之后的那种无形的力量——国家强制力,才充分显现出来。因此,如果人们想知道怎样才能不受或者受到这种权力的控制,那么他们就必须向了解法律——国家权力运作方式——的人(例如律师)寻求某种建议。而律师为了回答这一询问,就必须通过自己的知识和经验来预测,对于当事人的特定行为,法官将会如何进行判决以及作出何种判决,也就是,如何适用国家强制力。所以,法律就是对特定情况下国家权力将会如何配置的预测。①

在霍姆斯的法哲学思想中，对于法律与道德的关系问题，霍姆斯主张严格区分法律与道德。首先，从法律的形成及其哲学观角度来看，霍姆斯主张，法律问题不能通过阐释抽象的道德理论来加以回答。在法律与道德的关系上，霍姆斯有着清醒的宏观认识："法律是我们道德生活的见证和外部积淀。法律的历史就是一个民族道德演进的历史。尽管有大众的嘲讽，但法律的执行则有可能造就良好的公民和善良之人。"②从规范层面而言，法律规范中的诸多术语皆来自于道德规范，如法律权利、义务、预谋、动机、故意、过失等，均具有一定道德含义。然而，如果想真正研究和理解"法律是什么"，就必须在法律与道德之间作出严格的区分，正如霍姆斯所言，"当我强调法律与道德之间的区别时，我只是在关注一个目的，即学习和理解法律的目的"③。霍姆斯所要求的是，律师与法官应当考虑事物本身而非言辞，并且意识到他们使裁决与当前道德标准保持一致的这种责任。霍姆斯曾经指出，首席大法官肖(Shaw)先生的优点就在于他"对于作为官员的共同体需求的正确评价"，而"与他同时期的法官"中很少有人能"真正理解所有法律最终必须遵循的公共政策的基础"。

霍姆斯认为，在尽量避免代表公共权力的法律制裁方面，一个"坏人"要比一个"好人"更具有理性。实际上，坏人只看法律的实际后果，从而由此来对法院实际将做什么进行预测，而好人总是用模糊的道德准则从法律中寻找其行为的理由。

---

① 参见[美]理查德·A.波斯纳：《法理学问题》，中国政法大学出版社2002年版，第280页。

② Oliver Wendell Holmes, The Path of the Law, 10 Harvard Law Review 457,459 (1897)；中译文参见[美]霍姆斯：《法律的道路》，载《法律的生命在于经验——霍姆斯法学文集》，明辉译，清华大学出版社2007年版，第209页。

③ Oliver Wendell Holmes, The Path of the Law, 10 Harvard Law Review 457,459 (1897)；中译文参见[美]霍姆斯：《法律的道路》，载《法律的生命在于经验——霍姆斯法学文集》，明辉译，清华大学出版社2007年版，第209页。

如果将一个人的道德意义上的权利等同于宪法或法律上的含义,其结果只能导致思想的混乱。正是在这一观念及分析的基础上,霍姆斯形成了其著名"坏人"理论。或许,对其持批判态度的人会指出,霍姆斯从坏人的角度看待法律的努力无助于对法律的理解。在这里,霍姆斯试图所做的是,用生动的语言提出这一熟悉的主题,同时向他的聆听者们建议,如果能以"讽刺批判的态度"审视法律规则,他们对于法律的理解将会更为清晰与透彻,并且在这样做的过程中,会发现蕴涵主观道德的法律语言通常是具有欺骗性的。因此,霍姆斯并未否认法律的首要来源之一是社会存在于其中的道德规范领域,并且,他认为律师与法官的首要责任是使法律与那些道德规范保持一致。在霍姆斯批判道德中的绝对性时,实际上,他已经摧毁了西方法律传统中的伦理基础。①

哈罗德·约瑟夫·拉斯基(1893—1950),英国政治家和作家

---

① 参见 Mark DeWolfe Howe, The Positivism of Mr. Justice Holmes, 64 Harvard Law Review 529(1951)。

对于霍姆斯而言,宗教完全是一种幻想,并且它的主张是滑稽可笑的。与蚂蚁和山峦一样,人类和世界也没有终极的意义。仅仅致力于想象人类及其愚昧的、渺小的、琐碎的关系依据神的偏好加以区分,而不是去谈论如何在现实中加以引导,这无异于是一种对于严肃思想的嘲弄。1929 年,霍姆斯在一封致拉斯基的信中写道:

> [我]没发现任何可将宇宙的重要性归因于人类的理由……我像看待其他物种一样看待人类(除了我的个人利益与其一致外),他们主要的事情是生存与繁衍,他们主要关心的是食物与性欲。少数人稍微有所收获并在其中得到了快乐,但是,如果他们[因之]而感到骄傲,那么他们就是一群傻瓜。①

因此,在霍姆斯眼中,不仅仅是宗教,也包括伦理或者道德信仰,均是转瞬即逝且毫无意义的。除了人类——一群乌合之众——认为遵循它们非常方便之外,任何思想体系、道德规范均不具有实际意义。这群乌合之众及其后人或许会立刻,或许会最终放弃此类规范体系。霍姆斯曾说,生活在这样一个世界将是很容易的,即在这个世界中,诚实、信任、智力、美好、民主与言论自由得到无比的推崇。然而,如果此类规范明天即被一扫而空,那么人们也没有任何理由可以去抱怨什么。② 霍姆斯从"法律"中剔除所有的"道德"内涵。他认为,法律斗争的实质,就是社会和个人的不同利益之间的冲突,实际上,也就是作用力与反作用力之间的此消彼涨。在超然的法官看来,这种结果除了可能成为国家收入的来源之外,没有其他任何意义。有

---

① 转引自 Jeffrey O'Connell and Thomas E. O'Connell, From Doctor Johnson to Justice Holmes to Professor Laski, 46 Maryland Law Review 320(1987)。

② 参见 Jeffrey O'Connell and Thomas E. O'Connell, From Doctor Johnson to Justice Holmes to Professor Laski, 46 Maryland Law Review 320(1987)。

的学者甚至认为,这种法律观念就是深刻而冰冷的法律机械论。①

其次,霍姆斯通过分析具体的法律制度,来进一步解释坏人与法律预测之间的关系。霍姆斯认为,在法律责任中,法律义务包含了道德意义的全部内容。但是,对于一个坏人而言,这主要意味着一种预测,即如果他实施了某一特定行为,结果要么被监禁,要么被强制支付一定数量的金钱。然后,就会被处以罚金和被强制缴纳税款,两者之间存在明显的区别。在此,一个坏人进行的分析所涉及的法律问题实际上与法官经常考虑的问题是一样的,即一个特定的法律责任属于刑法上的问题,还是税法上的问题。道德关注的是人们内心的想法,而法律注重的则是人们的外部行为。

最后,霍姆斯还从法律与道德的矛盾关系方面论述了区分两者的必要性。在此,霍姆斯倾向于奥斯丁的法律与道德的区分。但是,霍姆斯认为,奥斯丁对于英格兰法所知不足。因此,在这一点上,霍姆斯的法哲学又不完全等同于奥斯丁的分析法学,主要体现在以下两个方面:第一,霍姆斯承认法律与道德的关系,至少是在历史上、司法实践上两者之间存在密切的关系;第二,霍姆斯是从具体司法实践的角度来总结法律的内涵,而不是从理论上对法律进行抽象的概括。②

或许,许多法律人——包括法学家、法官以及律师——无意中也会对这样一种观点表示赞同,即不仅霍姆斯的法哲学与西方思想的最高传统和渴求相矛盾,而且他的道德与政治价值观也非常适于衡量一个进步与文明社会的迫切需要。有的学者认为,正是霍姆斯,作为霍布斯的继承人,成为法律实证主义的"美国之父"。通过法律中的实证主义,霍姆斯指出了法律思想

---

① 参见[美]亚历山大·米尔克约翰:《表达自由的法律限度》,侯健译,贵州人民出版社 2003 年版,第 53 页。

② 参见徐爱国:《破解法学之迷》,学苑出版社 2001 年版,第 176 ~ 178 页。

的发展方向,即坚持严格区分"实际是什么的法"与"应该是什
么的法"。以这种观念为依据,将霍姆斯归为一个实证主义者
的理由,是由学者们在众多霍姆斯的公开言论中所发现的,或
许,没有什么地方比源自其众所周知的题为"法律的道路"的演
讲中的段落更加清晰了。在这篇演讲中,霍姆斯告诉他的听
众:首先,法学院的学生必须基本上认识到法律与道德的区别;
其次,法律无法按照对或错以及伦理学的原理加以有效定义;
但是,却应当被认为比对于法院实际上要做什么的极具见识的
预测更为深奥。①

吴经熊(1899—1986),法学家

　　作为一位法学家和大法官,霍姆斯极力从法律中消除道德
上和感情上的一切理想主义的痕迹。他认为,如果能剔除法律
中有道德意义的每一个字,把对立法、先例和宪法规定等外在

---

① 参见 Mark DeWolfe Howe, The Positivism of Mr. Justice Holmes, 64 Harvard
Law Review 529(1951)。

的东西清除干净,这将是法律历史发展中的一个进步。然而,
人们关于道德和真理的所有结论,不管怎样,总不免是武断的,
归根结底,解决根深蒂固的分歧的唯一途径是武力。在吴经熊
博士①看来,霍姆斯是一个"天生的理想主义者",但是,他的理
想主义却经过实用主义的考虑而得以适用。因此,霍姆斯具有
"柏拉图的基础和亚里士多德的上层建筑"。②

　　总体而言,通过阐述法律的概念、内容及其发展的过程与
内在动力,分析法律与道德的关系,霍姆斯提出了其在美国法
律思想史上独树一帜的"坏人"理论和"法律预测"理论,其中
涉及了西方法理学中最基本、最核心的一些问题,诸如法律是
什么、法律与道德的关系,等等。在这个意义上,霍姆斯实际上
也是在探讨法律与哲学的关系问题。正是在经历了上述这些
终极追问的过程之后,霍姆斯从自己的司法实践与理论思考中
体会出了法律的哲学意蕴:

　　　　理论是法律原则中最为重要的组成部分,正如建

---

　　① 吴经熊(John C. H. Wu,1899—1986),字德生,著名法学家,浙江宁波鄞
县人。幼年受中国传统文化启蒙教育,九岁始学英文;1916 年入读上海沪江大学,
与徐志摩(诗人)同窗,后转入天津北洋大学法律科预科,1917 年转入上海东吴大
学法科;1920 年毕业后赴美国留学,1921 年获美国密歇根大学法学院法学博士学
位;后游学欧洲,曾在法国巴黎大学、德国柏林大学等研习哲学和法学;1923 年应
邀到美国,在哈佛大学从事比较法哲学研究;1924 年回国,任东吴大学法科教授;
1927 年任上海特区法院法官,兼任东吴大学法学院院长;1928 年任南京国民政府
立法院立法委员;1929 年任上海特区法院院长;1929 年应邀赴美国哈佛大学、西北
大学讲学;1933 年任南京国民政府立法院宪法草案起草委员会副委员长,并公布
《中华民国宪法第一草案》,又被称做"吴氏宪章";1935 年创办《天下月刊》;1937
年皈依天主教;1940 年移居意大利罗马,并任中华民国派驻梵蒂冈教廷公使;1949
年受聘任美国夏威夷大学中国哲学客座教授,1950 年任美国新泽西州西顿哈尔大
学法学教授;1966 年移居台湾,任中国文化学院教授;1986 年逝于台湾。其主要著
述括:《法律三度论》、《超越东西方》、《法律哲学研究》、《作为文化研究的法理
学》、《自然法哲学:比较研究》等。
　　② 吴经熊:《超越东西方》,周伟驰译,雷立柏注,社会科学文献出版社 2002
年版,第 97 页。

筑师是参与建造房屋者中最为重要之人一样。……法
律中更为深远和普遍的部分在于那些赋予其普遍意义
的方面。正是通过它们，你们不仅成为你们事业上伟
大的主宰者，而且将你们的主题与宇宙相连，并聆听无
限的回音，瞥见深邃的移转，领悟宇宙的法则。①

---

　　① Holmes, The Path of the Law, 10 Harvard Law Review 457,478(1897)；中译文参见［美］霍姆斯：《法律的道路》，载《法律的生命在于经验——霍姆斯法学文集》，明辉译，清华大学出版社 2007 年版，第 233 页。

# 第五章　经典案例中的法律意见

　　如同疑难案件一样,伟大的案件会制造糟糕的法律。①

　　普遍命题并不能裁决具体案件。裁决将更为微妙地依赖于某种判断或直觉,而非任何清晰的大前提。②

　　　　　　　　　　——奥利弗·温德尔·霍姆斯

　　从 1882 年任马萨诸塞州最高法院法官到 1932 年从美国最高法院退休,霍姆斯经历了近五十年的法官生涯。除了著名的约翰·马歇尔法官之外,美国很少再有法官比霍姆斯五十年的法官职业生涯对美国法律发展所产生的影响更大了。在大量的司法实践与对法哲学的思考中,霍姆斯逐渐形成了其特有的司法哲学理念,并为其赢得了"自由主义斗士"的崇高声望。

　　霍姆斯作为自由主义者的崇高声望从何而来呢?这主要源自两个方面:其一,作为一名美国大法官,霍姆斯赞同让立法机构自行进行社会改革实验,因为他完全不相信改革。这与其最高法院同事们的狭隘观点形成了鲜明对比,因为他们通常对于依据宪法理由扼杀社会立法乐此不疲。其二,霍姆斯所极力为之辩护的宪法规则是关于言论自由的规则,正如他所做的,充

_____

　　①　Northern Securities Company v. United States, 193 U. S. 197, 400 (1904) (dissenting).

　　②　Lochner v. New York, 198 U. S. 45, 74 (1905) (dissenting).

分相信"思想市场"的价值。无论多么有害，宁可令一种思想在与其他思想的竞争中决定生与死，也不愿通过审查或其他压制来干涉它。[①] 霍姆斯在司法实践中形成的法哲学思想主要体现在以下两个方面：法律与自由的关系以及国家与经济的关系。

## 一、外部性标准——法律与自由的关系

在长期的司法实践与对法律理论的思考中，霍姆斯逐渐形成了一种关于外部性标准的法律理论。在写给波洛克的信中，霍姆斯曾经谈道：

> 一般侵权责任标准是在为行为人所熟知的环境——依照一般的经验——之下的一种行为倾向。如果损害的可能性非常大并且很明显，那么这一行为就被认为是恶意的或者故意的。（见 White & Duggan，140 Mass. 18，20.）如果损害的可能性很小，但仍足以（对行为人）施予责任，那么它就被认为是疏忽大意的。但是，如果一般标准是一种倾向，异议就会立刻出现，即当某人被其顾客之一所射伤时，因为按照一般的经验，杀人者和侵害者为了其目的而购买他的枪支，是非常确定的，为什么出售武器的人不是负有责任的民事责任人或者刑事责任人（civiliter & criminaliter）呢？……一般而言，在法律意义上，最终行为人是该结果的原因。但是，作为一个具有过错的人，之后介入的无知行为人同样是一个原因——然而，如果该介入的行为人是无辜的，那么之前的过错行为人将会受到审判。……我认为，真正的理由是，一个人被假定为并非企图对其他人实施违法行为，并且是不负责任的，除非可以证实他实际上企图那样做，——标明一种对于一

---

[①] 参见 Jeffrey O'Connell and Thomas E. O'Connell, From Doctor Johnson to Justice Holmes to Professor Laski, 46 Maryland Law Review 320(1987)。

般的外部倾向标准的例外的此类案件,尽管陪审团无疑可以从这种倾向的显而易见中发现真实意图。①

这一关于外部性标准的法律理论成为霍姆斯司法哲学的重要组成部分之一,并体现在一系列案件的法律意见书当中。

长期以来,崇尚自由主义的美国人始终将霍姆斯大法官尊奉为伟大的自由主义先知。然而,实际上,霍姆斯却是一个思想非常复杂的人。他对于自由的信仰,只是将自由作为宇宙秩序得以正常运转的必要条件之一。在这一点上,霍姆斯哲学思想的基本要义来源于达尔文主义。他认为,宇宙的基本法则是竞争和冲突,是争取生存的斗争,而这种斗争的结果就是"适者生存"。如果思想观念和制度同样应该被视作是受这一基本法则支配的,那么政府机关对于发表观点或者意见的自由——言论自由——就应当尽可能地少加干涉。②

在 20 世纪初期,言论自由问题已经成为美国重大的社会问题之一,并且产生了一系列足以影响美国宪政历史的经典案例,贯串于此类经典案例之中的核心问题就是:为了维护公共秩序,政府具有何种权力以及在何种程度上可以禁止、控制或者惩罚公民的自由言论。实际上,在任马萨诸塞州最高法院的大法官时,霍姆斯就已经开始面对与思考公民自由案件的相关问题了,并且在 1895 年的合众国诉戴维斯案(Commonwealth v. Davis)中代表马萨诸塞州最高法院撰写了之后被大量引用的法律意见书:

在此前审理合众国诉戴维斯案(Commonwealth v.

---

① 霍姆斯致波洛克的信(1891 年 3 月 22 日),载 Mark DeWolfe Howe ed.,Holmes ~ Pollock Letters: The Correspondence of Mr. Justice Holmes and Sir Frederick Pollock, 1874 ~ 1932, Cambridge: The Belknap Press of Harvard University Press, 1961, pp. 35 ~ 36。

② 参见[美]爱·麦·伯恩斯:《当代世界政治理论》,曾炳钧译,柴金如校,商务印书馆 1983 年版,第 51 页。

Davis，140 Mass. 485）中并未裁决的那些异议所提出的唯一问题，就涉及当前这一法令的解释问题。这一法令是合宪的，这已为此前裁决所包含，并且，在我们看来，是毋庸置疑的。说它违宪将意味着，即使立法机构声称授权给它，那么这一意图也是徒劳的。如此认为的主张就陷入"麦克奥里弗诉新贝德福德案"（McAuliffe v. New Bedford，155 Mass. 216）中涉及的同一种谬误当中。它认为，该法令被用于一般地反对言论自由（正如 Des Plaines v. Poyer 案［123 Ill. 348］中，那一被裁决无效的法令被用于一般地反对公共聚餐和公开舞会），然而，事实上，它被用于支持波士顿公园（Boston Common）中已经习惯了的那些行为方式。在我们面前，并没有证据证明，该立法机构关于普通公众的权力决非其关于其他任何用于公共用途的公园的权力，或者关于城市或者市镇中被赋予法律地位的公共街道的权力（Lincoln v. Boston，148 Mass. 578，580.）。作为公众的代表，它可以且已经实施了对于公众利用此类地方的控制，而且，它可以且已经将或多或少的这种控制授权给直接相关的城市或者市镇。该立法机构绝对或者有条件地禁止在公路或者公园发表公开言论，和私房所有人禁止在其房屋实施该行为一样，均不构成社会公众成员权利的侵害。如果没有所有权的介入，该立法机构可以通过终止提供公共使用的方式，来终止公众进入公共场所的权利。这样，它就可以采用较少的限制公共使用的措施来达到特定目的。①

---

① Commonwealth v. Davis，162 Mass. 510（1895）；中译文参见［美］霍姆斯：《法律的生命在于经验——霍姆斯法学文集》，明辉译，清华大学出版社 2007 年版，第 287~288 页。

　　引用该案法律意见书的那些法官们,希望通过市政法令来限制公民将公共场所用的发表言论的公开论坛的权利。因此,伴随着第一次世界大战期间此类案件的频繁出现,霍姆斯逐渐成为了美国公民自由的斗士,而这决不是一个已经逝去的结论。

　　在此类涉及言论自由的案件中,霍姆斯坚决反对政府滥用警察权力(police power),而主张应当真正贯彻言论自由的宪法原则。在1919年的申克诉美国案(Schneck v. United States)①中,霍姆斯大法官为美国联邦最高法院第一次确立了“明显且即刻的危险”(clear and present danger)的司法标准。在联邦地区法院审理该案后,大陪审团裁决被告有罪。美国联邦最高法院维持了上述有罪判决,霍姆斯大法官在其代表最高法院撰写的法律意见书中写道:

---

　　①　此案背景是,正值第一次世界大战结束,美国国内经济危机爆发,政治形势紧张。此前,在1917年4月美国参加一战后,威尔逊政府给人民以“新自由”的口号已销声匿迹,先后颁布了几项控制人民思想和言论自由的高压法令。其中包括1917年6月15日颁布的《反间谍法》(Espionage Act),该法第3条规定:“……在合众国处于战争状态时,无论任何人,凡故意在合众国陆军、海军中制造……或煽动……反抗、不忠、叛变,或拒绝执行任务者,或故意妨碍合众国的征兵和应募服役者;以及在合众国处于战争状态时,无论任何人,凡针对合众国的政体、宪法、陆军、海军、国旗或合众国的海陆军军装,故意发表、撰写或出版任何不忠的、亵渎的、下流的、辱骂性的语言文字者;或以任何语言企图使合众国的政体……宪法……;无论任何人,凡故意鼓吹、教唆、包庇、引诱从事本条所列举的任何活动;无论任何人,凡利用言语、行动支持或帮助与美国作战的任何国家的事业者;或利用言语、行动反对美国的事业者;将被处以一万美元以下的罚金,或判处二十年以下的徒刑,或二者并处;……”

　　在该案中,被告申克(Schenck)议员是美国社会党总书记。在该党散发的传单中,申克要求人们“不要向恐吓投降”,但其倡议仅限于通过立法来取消《反间谍法》等和平措施;传单中号召人们“要求你的权利”,并且声称“如果你不要求并支持你的权利,你就在帮助剥夺或毁谤合众国所有居民都有神圣责任去保留的权利”;此外,传单中还否认政府有权把美国公民送往国外去枪杀其他国家的人民,并且坚持“你必须完成你的本分,去维护并支持这个国家的人民权利”。对此,联邦政府认为,申克在鼓动抵制政府征兵,因而根据《反间谍法》对其进行了指控。

　　我们承认,在许多场合和一般情况下,那些被告人在表达该传单中所涉及的全部内容时,原本应当在其宪法权利的范围之内进行表达。但是,一切行为的性质均取决于实施该行为时的环境(Aikens v. Wisconsin,195 U. S. 194,205,206.)。即使是对于言论自由最严格的保护,也不会保护一个在剧院中谎称失火而引起恐慌之人。它甚至也不会保护一个人免受禁止发表可能产生暴力后果言词的禁令的约束(Gompers v. Bucks Stove & Range Co.,221 U. S. 418,439.)。在任何案件中,问题均在于,所使用的言词是否在此类环境中予以使用,并且是否具有将会造成明显且即刻的危险(clear and present danger)的此类性质,以至于那些言词将会造成实质性危害,而国会则有权防止此类实质性危害。这是一个有关接近与程度的问题。当国家处于战争状态时,许多在和平时期可以谈论的事情也会成为国家取得胜利的障碍,以至于只要人们在战斗,他们的言论就不会得到容忍,并且法院也不会认为那些言论应得到任何宪法权利的保护。似乎应当承认,如果可以证实存在某种对于征兵活动的实际妨碍,那么就可能会追究造成那一后果的言词的责任。此项1917年法令在第4章中惩罚了阴谋妨碍和实际妨碍。如果该行为(演讲或者散发传单)及其倾向与实施该行为的故意保持一致,那么我们就没有理由认为,只有[目的]实现才能确保该行为构成犯罪(Goldman v. United States,245 U. S. 474,477)。①

　　在此,霍姆斯提出的"明显且即刻的危险"这一法律的外部

---

　　① Schenck v. United States, 249 U. S. 47(1919);中译文参见[美]霍姆斯:《法律的生命在于经验——霍姆斯法学文集》,明辉译,清华大学出版社2007年版,第311~312页。

性标准的含义,即公民的言论和行为只要不对国家构成现实存在的危险,就不应当被认为有罪。该原则在随后的几十年里,一直被作为美国涉及言论自由案件的司法准则。当时,霍姆斯在该案中所体现出来的思想颇具大胆的激进主义色彩。这一法律意见书的深远意义在此后的美国司法实践中逐渐得以证明。①在一周之后,联邦最高法院审理并判决了德布斯诉美国案(Debs v. United States)②,同时审理的另外一个涉及《反间谍法》的案件(Frohwerk v. United States),也得到相似的判决。在上述三个类似案件中,美国联邦最高法院全体维持了政府的指控。

或许,是由于以上裁决受到了自由主义同事的批评,霍姆斯大法官改变了观点。虽然继续坚持他在申克案中提出的"明显且即刻的危险"标准,但却要求对这一标准进行严格的解释。但在当时,他和另一位自由主义大法官布兰代斯的观点仅属于少数意见。

---

① 通过此后一系列此类案件的审判,霍姆斯的这一法律意见最终导致在1957年耶茨诉美国一案中宣布共产党为合法政党。

② 被告德布斯是当时全美社会党领袖。1917年,他在俄亥俄州坎顿市(Canton)发表演讲。之后,德布斯受到联邦政府的起诉。联邦政府指控他企图引起与煽动反抗、变节、叛乱,并为阻碍合众国征兵而发表演讲。被告则宣称《反间谍法》侵犯了美国《宪法》第一修正案保障的言论自由,因而违反宪法。在地区法院的审理中,德布斯承认了其反战言行。另外,德布斯还公开表明他赞同1918年发表的"反战宣言和纲领"。因为这些言论,德布斯被陪审团判决20年监禁。在上诉之后,美国联邦最高法院的意见几乎未加讨论,便维持了对阻碍合众国征兵的指控。

**1787 年美国宪法**

　　霍姆斯大法官在 1919 年艾布拉姆斯诉美国案（Abrams v. United States）①的反对意见书中，明确表达了有关言论自由原则的个人观点，而这一观点则形成了关于美国宪法的建设性理论。在这份著名的反对意见书中，霍姆斯指出：

　　　　当然，我意识到了，在通常有关法律的讨论中予以模糊使用的故意这个词，仅仅意指对于该行为发生时下述情况的了解，即据称意图达到的后果将会随之发生。这种故意甚至决不可能符合关于民事和刑事责任的普遍原则的要求。如果一个人在其行为发生时便知

————————

　　①　在该案中，依据 1917 年《反间谍法》，5 名俄籍美国居民受到指控。因为他们印刷并分发了 5000 份传单，传单上刊登了两篇文章：第一篇文章题为《虚伪的美国及其同盟》，谴责美国对帝国主义干涉俄国无动于衷；第二篇文章题为《工人们，觉醒吧》。在地区法院，这些被告因以上言论而被陪审团判决有罪。最高法院维持了陪审团的裁决。法官多数方认为，这些传单清楚表明了煽动和鼓励去抵制合众国战备的企图，并为了削减战争所必需的军火生产而煽动和提议兵工厂工人罢工。

道这样一些事实，即从这些事实中，根据普遍经验便可看出将会随之产生哪些后果，那么不论他个人是否能够预见到这些后果，他均有可能不得不赔偿损失，或许被送进监狱，甚至根据普通法也有可能会被绞死。但是，如果准确使用语词的话，那么，除非该后果正是行为的目的所在，否则实施行为时就具有导致后果发生的故意。后果将随之发生，这或许是明显的，而对于行为人而言，也是显而易见的，并且，即使行为人忽视了这一点，他或许也应当为之承担责任，但是，尽管可能在此之后存在某种更深的动机，除非导致后果发生的目的就是这一具体行为的直接动机，否则他在实施行为时就不具有导致后果发生的故意。

在我看来，必须要求此项法令从严格和准确的意义上使用语词。在任何其他意义上［使用］那些语词都将是荒谬的。一位爱国者或许会认为，我们正在飞机上浪费钱财，或者正在制造某种超出我们所需的大炮，并且可能会成功地鼓动削减［制造飞机、大炮］，然而，即使可以证实，此类削减实际上阻碍了并且其他人也认为此类削减显然可能会阻碍美国加入战争，也没有人愿意将此类行为视作一种犯罪。……我决不会怀疑，根据可以证明对教唆谋杀给予惩罚是正当的同一推理，美国［政府］可以根据《宪法》惩罚造成或者意图造成某种明显且临近的危险（clear and imminent danger）的言论，即该言论将会立即导致美国［政府］根据《宪法》试图防止的某些实际灾难。此项权力无疑在战争时期要大于和平时期，因为战争总是会导致在其他时期根本不存在的危险。

但是，对于战争所特有的危险而言，和对于其他危险一样，关于言论自由权利的原则始终是一样的。那仅仅是临近灾难存在的危险或者导致其发生的某种故意，而这就使得国会可以在不涉及个人权利的情况下设定表达意见的限度。国会肯定无法禁止所有试图改变国家精神的努力。现在，没有人会认为，某一无名之辈仅仅通过秘密发表无聊的传单，便会带来某种临近的危险，即该传单的意见将会阻碍政府军队取得胜利或者具有某种可觉察到的阻碍倾向。然而，仅仅为了阻碍的目的而发表这些意见，可能会显示出某种更大的危险，并且至少会具有某种企图的特性。……实际的故意对于构成一项企图是必不可少的。企图的实现必须还要依赖于其他因素，因为，如果那一故意不是当前存在的，那么，在没有导致那些有待查实的灾难的情况下，行为人的目的或许也可得以实现。……

在我看来，对于这种意见表达的迫害是完全符合逻辑的。如果你对自己的前提或者说服力毫不怀疑，并且十分希望得到某一确定无疑的结果，那么你自然就会在法律的范围内表达你的愿望，并且会将所有的反对观点一扫无遗。容许通过某种言论来表达对立的观点，似乎是在表明你认为该言论不具有说服力，正如，当一个人那样说时，他就已经力所不及了，或者似乎是在表明你并不十分在意这一结果，或者似乎是在表明你怀疑自己的前提或说服力。但是，当人们已经认识到时间曾经推翻过许多为之奋斗的信仰时，相对于相信自己行为的基础而言，他们或许更加相信，通过思想的自由交流能更好地实现人们所渴望的至善——即检验真理的最佳标准就是思想是否具有使其自身在市场竞争中得到认可的那种说服力，并且，更加相信，真理是人们的愿望赖以确实实现的的唯一依据。无论如何，那就是我们《宪法》的理论。这是一场实验，正如整个人生也是一场实验。每一年，如果不是每一天的话，我们都不得不将我们的救赎投注于某种基于缺陷知识的预测之上。尽管那场实验仅仅是我们体系中的一个组成部分，但是，我仍然认为，我们应当始终警惕那些遏制意见表达的企图，虽然我们厌恶那些意见并且认为那些意见暮气沉沉，除非那些意见极有可能干涉到此项法令的合法且紧迫的目的，以致必须进行紧急遏制以期挽救这个国家。我完全不赞同美国政府的这一观点，即第一修正案使得有关煽动性诽谤行为的普通法得以生效。在我看来，这种观点是违背历史的。我已经认识到，多年以来，美国已经因为其强制实施所付出的代价而对1789年的《反煽动法》（Sedition Act）感到后悔了。只有使通过时间来纠正罪恶阴谋具即时危险的那种紧急状况，才能赋予对于这一笼统命令保留例外以正当性，而此项笼统命令就是"国会不得制定法律……以削减言论自由"。当然，此刻我只是谈及此处所涉及的意见和劝诫的表达，但是，我对于无法用深刻的语言来表达我的信仰深表遗憾，这种信仰就是，在基于这一指控而判决被告有罪时，也剥夺了那些被告根据美国《宪法》所享有的权利。①

　　这段经典的文字不仅文采飞扬，而且具有一种强烈的震撼力。对这份反对意见，法兰克福特大法官曾经作出了极高的评价——"无论是在将来的哪一天，艾布拉姆斯案判例中的那个著名的反对意见书都是一篇极具魅力的英语散文"。马克思·勒纳也曾经以热烈的敬仰之情论及这份反对意见——"霍姆斯的这份意见书真是无法改动一字。它非常凝练、优美和坚定，不愧是美国人所写的有关言论自由的最伟大的文字，可以与密

--------

　　① Abrams v. United States, 250 U. S. 616, 624（1919）（dissenting）；中译文参见［美］霍姆斯：《法律的生命在于经验——霍姆斯法学文集》，明辉译，清华大学出版社2007年版，第315～319页。

尔顿和密尔的著作相媲美。"①

在 1925 年霍姆斯关于吉特洛诉纽约州案(Gitlow v. New York)②的反对意见书中,上述特点更加鲜明而突出地显示出来:

> 在我看来,考虑到已被赋予在那种情况下所使用的"自由"这个词的范围,应当采用关于自由的普遍原则并使其包括在《宪法》第十四修正案当中,尽管相对于国会对此项原则的承认而言,运用那种支配或者应当支配美国法律的影响广泛的语言,人们或许通过一种稍微宽泛的解释方式接受了此项原则。……如果那个我认为正确的标准能够得以适用,那么,显而易见,根本不存在部分公认的赞同被告人观点的少数人企图暴力推翻政府的即刻危险。据称,这项宣言不仅是一种理论,还是一种煽动。每一种思想均是一种煽动。每一种思想均会宣扬自身以期得到世人的相信,而如果得到了相信,便会发挥作用,除非其他信念超越了它,或者因某种能量的缺乏而将其扼杀于摇篮之中。在较为严格的意义上,表达观念与进行煽动之间唯一的区别就在于演讲者对于结果的热情程度。雄辩可以点燃理性的火焰。但是,无论我们如何看待这一多余的讨论,它都不可能引发一场即刻的火灾。如果从长远来来看,那些在无产阶级专政中所表达出来的信仰注定会被该社会中的主流力量接受,那么言论自由的唯一意义就在于它们应当被赋予机会并享有自己的表

---

① 转引自[美]亚历山大·米克尔约翰:《表达自由的法律限度》,侯健译,贵州人民出版社 2003 年版,第 60 页。

② 在该案中,四名被告在《革命时代》杂志上发表"左翼宣言",鼓吹阶级斗争和暴力革命。在受到刑事指控并被州法院定罪之后,被告宣称州法违反了美国《宪法》第十四修正案保证的"正当程序"。美国联邦最高法院多数方意见判决纽约州法律并未违反美国《宪法》第一修正案。

达方式。

如果发表这一文件是企图立刻(而非将来某一不确定的时刻)诱发一场反对政府的起义,那么这将提出另外一个问题。那将会成为一个法律所涉及的问题,于是,[有人]可能会怀疑,是否存在文件的发表可能造成任何后果的危险,或者,换句话说,它是否并非徒劳无功并且几乎不可能造成适当的后果。但是,此项指控仅指称文件的发表,别无其他[因而不足以构成犯罪]。①

霍姆斯将言论自由视为民主政体中政治力量延续的核心,并且是政府表达生命之争的主要功能。在1929年的美国诉施维默尔案(United States v. Schwimmer)中,霍姆斯说出了在他与布兰代斯大法官的少数方意见中所表达出来的观念,即"在宪法的所有原则当中,思想自由原则最要求获得重视;[这项自由所保障的]并非那些我们所赞同的人,而是那些受我们厌恶的思想"。历史证明,霍姆斯和布兰代斯大法官代表的少数方意见最终被美国最高法院所采纳。

在此类案件中,有一个因素应当得到重视,即霍姆斯的法律技术意识及其对于法律价值的信仰。这是一种真正的信仰,显然不仅体现在霍姆斯对于德布斯案(1919年)法律意见极大的个人不满上,甚至更多地体现在1927年关于拒绝延续执行萨科(Sacco)与范奇蒂(Vanzetti)案的简短备忘录上。尽管霍姆斯赋予其清晰的文学描述,但是,他几乎没有增加任何关于民主政体中智识自由的哲学观念。霍姆斯的创造性成就在于,将模糊的哲学概念转化为可以适用的法律标准。在申克案以及此后的艾布拉姆案和吉特洛案的反对意见中,霍姆斯设计出关

---

① Gitlow v. New York,268 U. S. 652,672(1925)(dissenting);中译文参见[美]霍姆斯:《法律的生命在于经验——霍姆斯法学文集》,明辉译,清华大学出版社2007年版,第322~324页。

于"明显且即刻的危险"的标准,这一标准成为美国最高法院在公民言论自由领域中行为真实意图的外部检验标准。

从密尔顿(Milton)到密尔(Mill),从白芝浩(Bagehot)①到霍姆斯和布兰代斯,这些关于智识自由的哲学概念相对而言是相沿不变的,然而,在这个历史过程中,法律概念却被赋予了更为准确和丰富的内涵。这些哲学和法律标准将被运用于其中的社会结构,从密尔顿时期的英格兰到霍姆斯时代的美利坚,从象征威胁斯图亚特(Stuarts)王朝时期智识自由的授权法案到考夫林(Coughlin)和皮雷(Pelley)的淫秽作品与象征强制推行世界帝国的纳粹时期危险的《芝加哥论坛》(Chicago Tribune)上分裂主义者的文章,已经发生了彻底的改变。而智识与政治问题的轮廓则几乎没有发生像指控德布斯和皮雷之间,以及邮电部反对伯杰(Berger)的《密尔沃基导报》(Milwaukee Leader)的法令和反对考夫林的《社会正义》的法令之间的几十年的彻底变化。《反煽动法》和《州违法社会运动法》在第一次世界大战期间是主要的依靠,似乎已无法适应当前的社会状况。赫伯特·威奇斯勒(Herbert Wechsler)极为深刻地揭示了这一变化:

> 　　美国民主政体的敌人,无论他们是谁,均不鼓吹其暴力颠覆。在言论领域,他们谈论英格兰人或犹太人的恶行,或者战争的荒唐,或者与获胜的德国人进行贸易交往的好处。在行为领域,他们的眼睛却未放在颠覆政府之上,而在用于保守的滞后产品上。……主张暴力推翻的立法……不加批判地接受了那时创设的规则,即当《共产党宣言》宣称的革命方法时,革命者通

---

　　① 沃尔特·白芝浩(1826—1877),英国新闻记者,在思想上与英国的制度主义－历史主义(English institutional－historicist)传统紧密相联,是著名且颇具影响的"曼彻斯特学派"报纸《经济学家》(Economist)的早期编辑之一。白芝浩并不热心于反对同时代的古典经济学,但是,他强调对于更多制度上的内容——特别是文化与社会因素——的需要。他是最早讨论商业周期概念的经济学家之一。此外,白芝浩还形成了一种鲜明的中央银行业理论(theory of central banking)。

过宣扬而非掩饰其准则来行动时。[①]

## 二、超越法律——国家与经济的关系

西方传统自由资本主义的经济模式是个人自由竞争,国家持放任自由的政策,并不得干预公民个人的经济生活。这种思想来自于自然法学和社会进化论的达尔文——斯宾塞主义。但是,这种传统思想很难跟上社会发展的步伐。随着社会的发展,至 19 世纪末 20 世纪初期,这一传统思想与社会现实不断发生着冲突和矛盾,严重阻碍了社会的发展。

在美国司法领域,关于司法策略的主要框架已被拟定——起初,是在由菲尔德与米勒率领的两派人之间关于"正当程序"的解释问题的争论,一直到 19 世纪 80 年代中期,接着又经过了 19 世纪 90 年代渗透着苍白的放任主义哲学的一系列案件。显而易见,在这一时期,一名最高法院法官的全部职责仅仅在于填满这些裁决的司法决策框架,并将宪法用作一种确立经济制度的手段。

然而,霍姆斯大法官拒绝遵守这一被如此建构的游戏规则。他不愿意将法律的宪法(legal constitution)作为经济的宪法(economic constitution)而加以运用,更不用说将其作为政治方案而使用了。如果他在北方证券公司案中令罗斯福总统大失所望,那么他还为站在藩篱另一侧的那些人带来了更多的失望。霍姆斯 1903 年奥利斯诉帕克案(Olis v. Parker)的法律意见书就清楚地显示出,他将给予州立法行为极为宽大的容忍,即使其应用了州关于经济活动的规制制度。

---

① 转引自 Max Lerner ed. , The Mind and Faith of Justice Holmes, Boston: Little, Brown and Company, 1945。

但是,直到 1905 年,在洛克纳诉纽约州案(Lochner v. New York)①中,霍姆斯才实现了他在美国联邦最高法院职业生涯的真正跨越。在该案中,作为最高法院的大法官,霍姆斯提出并撰写了明确而有力的反对意见,从根本上质疑与挑战了最高法院多数方的司法哲学:

> [美国]联邦最高法院的诸多裁决已经确定了这一问题,即州宪法和州法律可以通过许多方式规范人们的生活,虽然我们作为立法者或许会认为那些方式与这一理论同样是不明智的或者是(如果你们喜欢的话)专横的,并且那些方式与这一理论同样干涉了契约自由。星期日法(Sunday laws)和高利贷法(usury laws)便是古老的例证。一个更为现代的例证便是禁止发售彩票。对于某些知名学者而言,只要不干涉他人同样的自由,公民便可享有随心所欲行事的自由,这已经成为了陈词滥调,然而,这一自由却受到学校法律(school laws)、邮政局以及每个州或地方机构的干涉,并且,这些机构为了其认为有利的目的花费公民的钱财,而不论公民是否愿意。[《宪法》]第十四修正案并未通过立法的形式确定赫伯特·斯宾塞先生的《社会静力学》(Social Statics)[中的理论]。前几天,我们刚刚确认了马萨诸塞州接种疫苗法(vaccination law)的

---

①　该案原告洛克纳是一位面包店的老板,他为工人制定的工作时间,因超过了当时纽约州制定的最高工作时间法的规定而被否定,并被罚款 50 美元。纽约州的劳动法第 110 节,规定了面包店工人的最高工时:"在饼干、面包或蛋糕店,任何职员不得被要求或允许每星期工作超过 60 小时,或者每天超过 10 个小时。"在州法院败诉后,洛克纳上诉至美国联邦最高法院,宣称纽约州的限制工时法律违反了美国《宪法》第十四修正案中的"正当程序"条款所保障的"契约自由"。虽然联邦最高法院承认州政府具有广泛的"警察权",以保护公共健康、安全、道德或者福利,但它并未将纯粹调节工时的劳工法视为健康法,因而州法超出了其警察权的范围。联邦最高法院依据"正当程序条款"推翻了纽约州法院的判决。

有效性(Jacobson v. Massachusetts, 197 U. S. 11.)。联邦最高法院非常熟悉合众国和各州联合削减契约自由的法律和裁决(Northern Securities Co. v. United States, 193 U. S. 197.)。……某些此类法律体现了法官可能具有的内心确信或者偏见。而某些法律则可能不会如此。但是,《宪法》并不是为了体现某种特殊的经济学理论而设计的,不论是有关家长主义和公民与国家的系统关系的理论,还是自由放任(laissez faire)理论。《宪法》是为了具有基本不同观点的人民而创设的,并且,我们可能会认为某些意见是普通的和熟悉的,或者是新奇的,甚至是令人震惊的,但这种可能性不应当让我们得出关于下述问题的结论,即体现不同观点的法律是否与美国《宪法》相冲突。

　　普遍命题并不能裁决具体案件。裁决将更为微妙地依赖于某种判断或直觉,而非任何清晰的大前提。但是,我认为,刚才谈及的这一命题,如果被[人们所]接受的话,将会使我们远离目标。每一项司法意见都有可能成为一部法律。我认为,当第十四修正案中"自由"被用以阻止主流意见的正常结果时,"自由"这个词便遭到了误解,除非有人会认为,一个理性与公正之人愿意承认此项被提议的法令会违背基本原则,而那些基本原则又是通过我们人民和法律的传统加以理解的。无须经过研究即可证明,如此笼统的谴责根本不可能加诸我们面前的此项法令之上。一个理性的人或许会认为该法令是一项基于健康原因的适当措施。①

霍姆斯认为,正当程序条款并没有赋予斯宾塞的《社会静

---

① Lochner v. New York, 198 U. S. 45, 74(1905)(dissenting);中译文参见[美]霍姆斯:《法律的生命在于经验——霍姆斯法学文集》,明辉译,清华大学出版社2007年版,第304~305页。

力学》中的理论以法律的效力,认为不应当以"契约绝对自由"为借口,禁止国家法律干预公民的经济生活。从此时起,霍姆斯才真正开始展开大量而极具逻辑体系的司法批判。尽管霍姆斯非常关注对立双方各自的拥护者,但到那时为止,并没出现什么真正重大的问题。洛克纳案中的反对意见标志着霍姆斯法律职业生涯的一个重大转折,这是一个清晰而响亮的号角,从此之后,他成为了一名真正的骑士,再也没有任何退却。实际上,这种骑士精神很早便孕育在霍姆斯的气质之中了。在1886 年耶鲁大学毕业典礼上,当被授予耶鲁大学名誉法律博士学位时,霍姆斯发表了一篇精彩的演讲,他在开篇之处说道:

> 我不知道这个国家还有没有像你们所赋予给我的如此之高的荣誉评价了。作为一项荣誉,我欣然接受,如同战争中凯旋者的剑轻轻划过肩头,在古代,这柄剑即宣告了一名士兵因战功而被册封为骑士,并以生命发誓今后永不放弃战斗。①

在洛克纳案至罗斯福总统"填塞法院计划"(Court Packing Plan)的三十余年间,美国联邦最高法院推翻了两百多份各州经济立法。尽管如此,绝大多数法案还是得到了维持。例如,在洛克纳案裁决仅三年后,美国联邦最高法院就在 1908 年的马勒诉俄勒冈州案(Muller v. Oregeon)②中,维持了限制妇女工时

---

① Oliver Wendell Holmes, On Receiving the Degree of Doctor of Laws, in Collected Legal Papers, New York: Harcourt, Brace and Company, 1921, p. 33;中译文参见[美]霍姆斯:《对荣誉的热爱》,载《法律的生命在于经验——霍姆斯法学文集》,明辉译,清华大学出版社 2007 年版,第 189 页。

② 在该案中,俄勒冈州的法律规定,禁止任何工厂或者洗衣店雇用妇女每天工作超过 10 个小时。雇主在法院宣称,这项法律违反了美国《宪法》第十四修正案规定的"正当程序"所保障的契约自由。当时,作为政府辩护律师的布兰代斯,首次透过社会学的视角,运用详细科学事实,从妇女的生理结构及其从事的工种,论证法律对妇女提供特殊保护的必要性。参见张千帆:《西方宪政体系》(上册),中国政法大学出版社 2000 年版,第 238 页。

的州法。联邦最高法院也承认,"契约自由"并不是绝对的。因为妇女的生理特点,使其在谋生中处于不利地位;两性之间的内在差异,为补偿妇女承受的特殊负担而制定的立法提供了理由。因此,尽管同样立法对男性工人将被推翻,保护妇女的法律对保障真正的权利平等则是必要的,因而被法院认定为有效。在 1917 年的邦廷诉俄勒冈州案(Bunting v. Oregon)中,联邦最高法院维持了俄勒冈州的工厂 10 小时工作法,因而似乎推翻了洛克纳案的具体结论。

在此后二十年间,洛克纳案所代表的司法哲学仍然无处不在。尽管限制最高工时的法律得到了维持,但最低工资法案却被联邦最高法院推翻。1920 年通过的美国《宪法》第十九修正案规定:"合众国或各州不得基于性别理由,否定或剥夺合众国公民的表决权利。"这项授予妇女政治平等权利的修正案,竟被解释为禁止对妇女在经济上的特殊保护。在 1923 年的阿德金斯诉儿童医院案(Adkins v. Children's Hospital)中,美国联邦最高法院认为,美国《宪法》第十九修正案取消了妇女的从属社会地位;既然男女已经平等,契约自由就不应再受到特殊限制。无视各种契约、贸易和工种,就强制规定最低工资,构成了立法权力的任意行使。对此,霍姆斯大法官表示反对:

> 我不理解法院基于何种原则,在承认立法具有限制最高工时权力的同时,否定其规定妇女最低工资的权力。不论规制哪一部分,交易都同样会受到影响。要说服我男女之间没有差别或者立法机构不得考虑这些差别,仅靠[《宪法》]第十九修正案是不够的。①

除了涉及工时与工资案件之外,最高法院还限制立法机构

---

① Adkins v. Children's Hospital (1923)(dissenting), in Max Lerner ed., The Mind and Faith of Justice Holmes, Boston: Little, Brown and Company, 1945, p. 178.

禁止企业签订干涉工会的"黄狗合同"(Yellow – Dog Contracts)①。联邦和各州政府都曾制定法律来禁止此类条款,但立法努力受到最高法院的阻碍。在 1905 年的阿代尔诉美国案(Adair v. United States)中,美国联邦最高法院作出如下判决:联邦政府禁止"黄狗合同"的法律违反了美国《宪法》第五修正案中的"正当程序"条款。在洛克纳案中持异议的哈伦大法官代表最高法院多数方指出:"就和劳动力购买者有制订条件一样,个人有自由根据他认为合适的条件来出售劳动力。雇主和雇员具有平等权利;任何扰乱这项平等的立法,都是对契约自由的任意干涉。"在 1915 年的科帕奇诉堪萨斯州案(Coppage v. Kansas)②中,美国联邦最高法院推翻了堪萨斯州禁止"黄狗合同"的法律。然而,霍姆斯大法官对多数方的判决再次表示异议:

> 我认为,应当维持此项判决。在现有条件下,一名工人可能会自然而然地相信,只有通过加入工会,他才能确保获得一项对其公正的合同(Holden v. Hardy, 169 U. S. 366,397. Chicago, Burlington & Quincy R. R. v. McGuire,219 U. S. 549,570)。如果一个理性的人可以坚持这一信仰,而无论其对错,那么,在我看来,它就可以依法予以实施,以期确立可以形成契约自由的当事人之间的平等地位。从长远来看,对于工人而言,制定此类立法是否明智,并非我所考虑的问题,

---

① 所谓的"黄狗合同",是指雇主在雇用合同中,将雇员不参加任何工会组织作为雇用的前提条件。

② 在该案中,堪萨斯州禁止雇主把雇员同意不加任何劳工组织作为受雇条件,而雇主宣称这项法律违反了美国《宪法》第十四修正案中的"正当程序"条款。联邦最高法院的多数意见认为:"签订合同的权利,包含在个人自由和私有财产权利之内。除非作为州政府治安权力的合理行使,对这项自由的严重干预必须被认为是任意的……州不得宣布公共利益需要取消(雇主和雇员之间)不平等;这些不平等是权利行使的正常与不可避免的结果。"参见张千帆:《西方宪政体系》(上册),中国政法大学出版社 2000 年版,第 239~240 页。

但是，我强烈地认为，在美国《宪法》中根本不存在阻止此类立法的条款，并且，应当推翻"阿代尔诉美国案"（Adair v. United States）与"洛克纳诉纽约州案"（Lochner v. New York）的判决。①

在 1918 年的哈默诉达根哈特案（Hammer v. Dagenhart）中，国会试图禁止企业雇用童工的法律被宣布违宪。国会法案禁止雇用 14 岁以下童工的工厂，通过州际贸易运输其产品。最高法院认为，法案的真实目的并非是禁止产品运输，而是给工厂雇工规定最低年龄，但此类规制并未得到宪法的授权。霍姆斯等四名法官表示异议，认为调节州际运输是宪法明确授予国会的权力，法院不应追究规制贸易法案将带来什么实际结果。

在这一系列案件中，霍姆斯多次强调了国家有权为劳工利益而干预私人契约的主张。在 1932 年匹博尔诉格拉夫一案中，霍姆斯甚至认为，上级法院有权修改法律向公民征收版权税。霍姆斯在这一系列案件中的主张，当时并没有得到人们的理解，但是，在他死后却都成为了事实。

有人将霍姆斯的反对意见主要看成是一种讽刺的实践。例如，查尔斯·比尔德（Charles Beard）曾经这样谈及霍姆斯，"让他天才的智慧来溶解法律的冰冷言词"。"天才"是一个适用于洛克纳案的精妙描述。与之相似，当索尔斯坦·维布伦发表《闲暇阶层的理论》时，批评家则将其视作一种对于典雅文学的讽刺。与维布伦的辛辣讽刺很相似，但却是以一种完全不同的方式，霍姆斯是非常认真的。他并未完全忘记其内战经历中的军事策略。霍姆斯知道，对于敌人的打击必须是突然而锐利的，要尽其所能。爱默生很早以前便曾经告诉他："当你试图攻

---

① Coppage v. Kansas, 236 U. S. 28（1915）（dissenting）；中译文参见［美］霍姆斯：《法律的生命在于经验——霍姆斯法学文集》，明辉译，清华大学出版社 2007 年版，第 306~307 页。

击一个国王时,你必须杀死他。"①霍姆斯不仅反对洛克纳案中贝克汉姆大法官代表多数方撰写的法律意见,也反对贝克汉姆大法官所表现出来的整个时代黑暗且偏执的司法传统。

尽管霍姆斯的动机仅仅是一个无法容忍其工艺被歪曲的法律工匠的动机,但其法律意见书的结果却是普通人以及其为尊严而奋斗的生活标准。洛克纳案的反对意见并非是孤立的。在维系其二十多年司法工作的实践中,霍姆斯奋斗不息,目的在于为了立法机构促进劳工平等协议的权利,为了社会实践的权利,为了州与联邦社会立法的权利,为了人们形成一种有效的税务管理的权利,为了政府关于和平与战争的充分权利。霍姆斯带着勇气与智慧而奋然前行。在通过稍微放弃立场即可赢得法院其他人赞同其观点的时候,他选择了放弃;而在无法妥协的地方,他又以一种权威的方式概括而简洁地坚持表明其立场。就这样,在启发了他的拥护者的同时,也激怒了他的反对者。

霍姆斯并不缺少对于他的支持者。年轻的律师和仍在法学院的学生,正在四处寻找某些从法律重商主义与司法自以为是的贫瘠平原上升起的杰出人物——一些可以使他们不会成为公司雇员的老兵。对于这些年轻人而言,霍姆斯恰恰成为了一种象征。他的意见书被诸多法律期刊所刊登,并且正在逐渐形成一种力量。那些年轻的律师与学生热切地解读他,并引用他们所发现的霍姆斯法律思想中的"天然矿藏"。从表面看来,霍姆斯似乎已经心满意足了。然而,事实上,他根本不会为之所动。这一真正的动机深深地隐藏并来源于他的法律"工匠"的司法理念、他的关于其事物在有限宇宙中的位置的哲学,以及作为长期历史运动之组成部分的永不懈怠的意识。

总体而言,霍姆斯司法哲学的实质内涵是:从国家集体的

---

① 霍姆斯致萨奇安特的信(Sergeant)(1926 年 12 月 7 日),转引自 Michael H. Hoffheimer, The Early Critical and Philosophical Writings of Justice Holmes, 30 Boston College Law Review 1221(1989)。

角度来看,国家可以在它认为必要的时候采取任何行动来捍卫它本身的生存,增进它的公民的健康、安全、良好道德和公共福利。但是,国家不得武断地采取行动或者行动超出合理的范围。此外,任何妨害其生存或目标的危险,必须是明显且即刻的危险;否则对于此类危险或具有此类危险的行为不能进行任何处罚,以此来保护社会进步所需要的自由交流意见和争论。①从法官个人的角度来看,霍姆斯认为,"最好的法官是把法律琢磨得最精确符合、甚至预见到社会中占支配地位群体的愿望的法官,而所谓占支配地位的群体就是那些顺应了历史潮流的人们"②,并且法官应当通过法律"工匠"的技巧,使普通法规则能够适应反映社会需要、舆论和公共政策的变化。然而,保证或者确信法官在审理案件时充分考虑公共政策与社会需要的有效手段和策略,在霍姆斯看来,似乎正是司法自我约束(judicial self – restraint)原则。③

---

① 参见[美]爱·麦·伯恩斯:《当代世界政治理论》,曾炳钧译,柴金如校,商务印书馆 1983 年版,第 114 ~ 117 页。

② [美]理查德·A. 波斯纳:《法理学问题》,苏力译,中国政法大学出版社 2002 年版,第 21 页。

③ 对霍姆斯大法官有关司法自我约束原则的讨论,笔者将会另行撰文予以详细阐述。

# 第六章　跨越时空的比较

古代法律是一种严峻的诗创作。①

——维柯

诗人,是这个世界未获承认的立法者。

诗人,或者那些想象与表达这种牢不可破的[艺术]秩序之人,不仅是语言与音乐、舞蹈与建筑、雕塑与绘画的创作者;他们还是法律的制定者和市民社会的创建者。②

——珀西·B.雪莱

如果说,雪莱将诗人视作法律的制定者,因其本人的诗人身份而有自誉之虞,那么说,霍姆斯是法学界的诗人,当不为过。③ 依据一种没有具体统计的推测,在西方法律人中,霍姆斯或许是留下极富诗意的警句最多之人。尽管本书的主旨不在于对霍姆斯文学表达的研究,而在于对其法理学与法律思想的研究,但是,若能超越法律的领域或者视角,或许有助于加深对霍姆斯的理解,或者至少可以增加一种对其本人及精神世界的不同认识。正是基于上述考量,在本章中,将从历史研究的、司

---

①　[意]维柯:《新科学》(下册),朱光潜译,商务印书馆1989年版,第563页。

②　P. B. Shelley, A Defence of Poetry, in R. Ingpen and W. Peck ed. , Complete Works of Percy Bysshe Shelley, Vol. 7, 1965, pp. 112,140.

③　参见明辉:《诗性的法律》(译序),载[美]霍姆斯:《法律的生命在于经验——霍姆斯法学文集》,明辉译,清华大学出版社2007年版,第6～7页。

法实践的以及哲学的视角,尝试展开一种思想的比较研究,以期能够对全面理解与认识霍姆斯本人及其思想有所助益。

## 一、历史比较:霍姆斯与萨维尼、梅因

通过历史比较的视角,我们首先来"回忆"作为历史学家的霍姆斯。至 20 世纪二三十年代,历史学作为一门古老的学科,不仅开始在现代教育中占据了极其重要的地位,而且也对其他学科的研究产生了重大而深远的影响。特别是在以判例法为传统的普通法国家中,此时的法学院也已经开始感受到这种由历史学所带来的各种影响。

显而易见,20 世纪初期的法律史完全不同于 19 世纪中期的法律史。19 世纪的历史学家数量很少,但却对法律与政治产生了巨大影响。萨维尼和梅因取得了时人根本无法与之抗衡的对当时法律思想的支配性优势地位。然而,原因似乎并不在于这些学者个人成就的巨大程度,而是 20 世纪初期影响与引导法理学发展的因素不再取决于历史学家。

亨利·梅因(1822—1888),英国法学家

一旦离开了至高无上的王位,法律史同样也经历了一场表现为法律与历史相分离的内部危机。此时,研究法律之人将各

自的视野由迷人的历史转向同样迷人的现在,并且更加关注那些塑造了当前精神与物质生活的优势力量及其相互冲突。此外,历史已经不再是发现满足当前法律需求的哲学准则的必需工具。

霍姆斯的历史研究工作,首先源自于这两种截然不同的法律历史观的过渡时期,并且在关键时期引导法律思想与历史思想进入全新领域,在美国和英格兰均产生了强烈而巨大的影响。例如,波洛克(Frederick Pollock)爵士将 1881 年《普通法》的出版喻为一场以超然与批判的观点研究英格兰法律史的运动的肇端,并且指出霍姆斯注意将逻辑在塑造法律方面的作用予以适当限定是具有特殊价值的。①　实际上,在《普通法》的首篇演讲中,霍姆斯便得出了结论:对于法律人和历史学家而言,法律的历史看起来可能是完全不同的。在法律人看来,[至少在霍姆斯撰写该文时]仅有这样一种所谓的"官方的理论",就是"每项新的裁决均是根据演绎推理从既存先例中得出的"②。从这种视角审视历史的法律人不可避免地会坚持他的职业法律观及其处理历史材料的特定方法。然而,从外部视角审视法律的历史学家则处于更优的位置,并且可以对法律运动的方向、速度及其模式进行更为可靠的观察与研究。霍姆斯能够从历史学家的视角———一种外部视角———运用职业专家的所有知识来把握纷繁复杂的法律机制,这就是他的非凡之处。因而,霍姆斯为法律的与历史的思想提供了一种全新的解释:

> 从内容而言,法律的成长是与立法有关的。法院所宣布的东西总会成为法律,在某种更深的意义上,这

---

① 　参见 Theodore F. T. Plucknett, Holmes: The Historian, 44 Harvard Law Review 712,713(1930～1931)。

② 　Oliver Wendell Holmes, The Common Law, Boston: Little, Brown and Company, 1923, p.35;中译文参见[美]霍姆斯:《责任的早期形式》,载《法律的生命在于经验——霍姆斯法学文集》,明辉译,清华大学出版社 2007 年版,第 112 页。

实际上也是新的。在其范围之内，它是与立法有关的。
法官极少提及并总是伴随着歉意的那些考虑因素正是
法律从中汲取生命乳汁的潜在根源。当然，我意指的
是那些对有益于相关共同体的事物的考虑因素。实际
上，通过诉讼而逐渐形成的每一项重要原则均是或多
或少得到明确同意的有关公共政策的观点的结果；当
然，就最一般情况而言，根据我们的习惯与传统，[那
些原则]是出于本能的偏好和无以言表的信念的无意
识的结果，但归根结底，依然起源于有关公共政策的观
点。因为有些人学识如此渊博以致不愿牺牲对于演绎
推理的良好判断力，他们精明能干且极富经验，而法律
正是由这些人来实施的，所以我们将会发现，当古老的
规则以一种本书中已经并将要展示的方式维系自身
时，就会发现那些古老规则更适于时代的新的理由，并
且至少以一种新的形式，它们逐渐从其已被移植入的
土地中获取了新的内容。①

　　这种有关法律演进道路的全新观点的结果，在很大程度
上，是基于 19 世纪英美普通法律人的法律思维而形成的。在
此，我们更为关注的是这种观点对法律史的意义。霍姆斯长期
以来始终思考着法律与法律史之间的分离，并且在很大程度上
有助于两者之间的分离，但却从未怀疑过两者分别作为独立研
究对象的价值所在。他自己在法律史研究领域中的成就将说
明，他认为法律史是值得长期研究与勤奋思考的。即使是对于
一位纯粹研究理论的历史学家而言，《普通法》所涉及的那些主
题仍然足以显示出其非凡卓越的成就。至今，这些贡献已经成

---

① Oliver Wendell Holmes, The Common Law, Boston: Little, Brown and Compa-
ny, 1923, pp. 35 ~ 36;中译文参见[美]霍姆斯:《责任的早期形式》，载《法律的生
命在于经验——霍姆斯法学文集》，明辉译，清华大学出版社 2007 年版，第 112 ~
113 页。

为公认的历史。

作为一位研究法律的历史学家,霍姆斯的杰出成就为其严格区分法律与法律史提供了颇具说服力的证据:

> 对于一项法律规则而言,现在竟然没有比亨利四世时期制定此项规则时更好的理由,这是令人厌恶的。更令人厌恶的是,昔日制定此项规则时所依据的那些理由早已消逝了,而此项规则却仍然仅仅通过盲目模仿过去而存在着。①

19 世纪晚期,在美国与英格兰法律文献中,援引古老的历史年鉴是相当普遍的,而至 20 世纪 30 年代,援引历史文献资料的现象却似乎变得极为罕见了。那些编订精美的年鉴仅仅适用于历史学家而非法院了。然而,这并不意味着法律人应当将对法律史的研究留给少数专家。相反,霍姆斯坚持认为,如果从一种宽泛的视角从事研究的话,这种对法律史的研究仍然是颇具价值的。他曾经于 1886 年指出"在德国的影响之下,科学正在逐渐将法律史[研究]引入它的领域"②;而至 1899 年,他又能恰当地评论下述趋势中存在的一种衰落倾向,即将对规则的历史解释视为证实规则之正当性的必要手段。③ 然而,一方面,法律史具有其实践的层面:

> 在很大程度上,对于法律的理性研究仍然是对于历史的研究。历史必定成为此项研究的一个组成部分,因为,如果没有历史,我们将无法了解那些规则的

---

① Oliver Wendell Holmes, The Path of the Law, 10 Harvard Law Review 457,469 (1897);中译文参见[美]霍姆斯:《法律的道路》,载《法律的生命在于经验——霍姆斯法学文集》,明辉译,清华大学出版社 2007 年版,第 221 ~ 222 页。

② [美]霍姆斯:《法学院的功用》,载《法律的生命在于经验——霍姆斯法学文集》,明辉译,清华大学出版社 2007 年版,第 195 页。

③ 参见 Oliver Wendell Holmes, Law in Science and Science in Law, in Collected Legal Papers, New York: Harcourt, Brace and Company, 1921, p. 212。

准确[适用]范围,而了解那些规则的[适用]范围正是我们的职责所在。历史是此项理性研究的一个组成部分,因为它是通往启蒙怀疑主义的第一步,也就是说,它是通往对于那些规则的价值进行深刻反思的第一步。当你将恶龙拖出它的洞穴而置于旷野之中阳光之下时,你就可以数清它的牙齿和爪子,并辨别它的力量有几何了。但是,将它拖出来仅仅是第一步。接下来,要么就杀死它,要么就驯服它并使之成为有用之兽。①

另外,在理论的层面上,法律史也具有其边界确定的广阔适用范围:

> 经过如此思考,你们将会欣然接受,我并不认为研究法律原则之历史的学生必定会考虑某种实践的目的。将法律仅仅视为重要的人类学文献并加以研究,是完全恰当的。借助法律以揭示何种社会观念足够强大以最终的表达形式,或者揭示不同时代的主流观念是如何变化的,是恰当的。将法律作为一种人类观念的形态与演变的实践而加以研究,也是恰当的。在最为严格的意义上,追求此类目的的研究便成为了科学。②

对于此类法律研究,在一篇1897年于布朗大学毕业典礼上发表的演讲中,霍姆斯坚持认为,"法律是富有人性的——它

---

① Oliver Wendell Holmes, The Path of the Law, 10 Harvard Law Review 457,469 (1897);中译文参见[美]霍姆斯:《法律的道路》,载《法律的生命在于经验——霍姆斯法学文集》,明辉译,清华大学出版社2007年版,第221页。

② Oliver Wendell Holmes, Law in Science and Science in Law, in Collected Legal Papers, New York: Harcourt, Brace and Company, 1921, p.212.

与其余一切均为构成人类和世界的组成部分"[1]。因此,只要作好准备并且耐心等待,人们便会在经历渐进变化后而实现其应得的目的。然而,这也仅仅是迈出了第一步,仍然与对全部知识的领会存在着相当的距离,所以,

> 如果他是一个胸怀抱负之人,他必定会离开与其同行的冒险者,走进更深的孤独,进行更大的尝试。他必定会奔向极点。坦言之,他必须面对开创性努力中的孤独。没有人可以和他人一起开辟出新的道路。他只能独自一人闯荡。[2]

在法律研究与历史研究领域,作为美国现代法理学的开创者,霍姆斯独自一人在闯荡着,尽管在他身后不远处,始终有一群人在紧紧追随着,并且不断有人离开或者加入。

## 二、司法比较:霍姆斯与马歇尔、布兰代斯

接着,通过司法比较的视角,我们尝试"审判"作为大法官的霍姆斯。在美国法律史或者司法史上,一旦提及联邦最高法院的大法官,无法避免的是,总会有人将霍姆斯与约翰·马歇尔相提并论。的确,这两个人都是美国联邦最高法院历史上无与伦比的伟大法官,均对美国宪法制度与理论作出了无可比拟的贡献,均在美国法律史上占据了无法替代的地位,并且均对后世产生了无法估量的深远影响。然而,另一方面,这种比较对两者而言,又均是不公正的。与马歇尔不同的是,不论是否是一位伟大的大法官,霍姆斯都是一位伟大的人物。或许,在某种意义上,霍姆斯对于英格兰的生活方式和年轻人的梦想与

---

[1] Oliver Wendell Holmes, Brown University—Commencement 1897, in Collected Legal Papers, New York: Harcourt, Brace and Company, 1920, p. 165;中译文参见[美]霍姆斯:《布朗大学——1897 年毕业典礼》,载《法律的生命在于经验——霍姆斯法学文集》,明辉译,清华大学出版社 2007 年版,第 205 页。

[2] 同上。

希望的影响,比对美国宪法的影响更大。对于马歇尔而言,随着他为之辩护的既得利益集团和主要依其宪法解释的经济关系制度的生存能力的浮沉,其声望也一度涨落。而霍姆斯的伟大却在于,他将在既得利益集团及其宪法上的支持中独立中流。只要英语还能得以持久使用,只要人们还能发现生活中的错综复杂与振奋之情,只要法律仍是生活的组成部分,只要思想的锋刃仍能强劲有力地劈开两者,那么霍姆斯的伟大就会经久不衰。[①]

**约翰·马歇尔(1755—1835),美国联邦最高法院第四任首席大法官**

在霍姆斯的法律职业生涯中,特别是自 1902 年被任命至美国最高法院以来,霍姆斯一直在进行着一场孤独的跋涉,一场与传统司法理念的抗争,一场坚持个人法律信仰的奋斗。在 1902 年至 1916 年的十五年间,除了来自哈伦和查尔斯·埃文

---

①　参见 Max Lerner ed. , The Mind and Faith of Justice Holmes:His Speeches, Essays, Letters and Judicial Opinions, Boston:Little, Brown and Company, 1945, xlix ~ l。

斯·休斯（Charles Evans Hughes）的支持外，霍姆斯基本上是在孤军奋战。然而，真正思想的自由碰撞一定会擦出炫目的火花。在1916年，随着路易斯·D.布兰代斯被任命至最高法院，这位在思想的荒原上流浪的孤独者不会再有"拔剑四顾"的茫然之感了。

　　然而，霍姆斯与布兰代斯之间的关系颇为复杂。布兰代斯给最高法院带来了一种先进的法律思想，一种在社会现实中的奋斗经验，一种经济学知识的储备，同时，他还带来一种极为认真的态度和一种坚定不移的意志。尽管布兰代斯无疑会对霍姆斯产生实质性的影响，但有一点毋庸置疑，就是在布兰代斯来到最高法院之时，不论是霍姆斯思想的框架，还是其基本的推动力，都已经基本形成。那一影响被诸如首席大法官塔夫脱（Taft）之类的人大大高估了。塔夫脱令自己的判断在其恐惧与偏见之间摇摆不定。当塔夫脱在一封信中提到，霍姆斯使布兰代斯投出两票而不是一票时，这仅仅是一种无奈的牢骚而已。但是，仅就此而言，他对于这两个人都是不公正的。

　　霍姆斯与布兰代斯是在波士顿认识的。当时，布兰代斯还只是一个刚从哈佛大学毕业的年轻律师，而霍姆斯则已是一位对学校事务及其毕业生颇感兴趣的马萨诸塞州最高法院的大法官。但是，从那儿以后，除了布兰代斯作为一名辩护律师曾在华盛顿最高法院出过庭之外，他们几乎再没有什么联系，直至布兰代斯成为霍姆斯在美国联邦最高法院的同事。无疑，霍姆斯可能对于布兰代斯的刚正不阿、学识广博、道德感及其在做任何事情时近乎殚精竭虑的决定，均留下了深刻的印象。但是，这两个人之间的差异也是清晰而显著的。布兰代斯是一位经济学家，而霍姆斯是一位哲学家。布兰代斯极为严肃认真，而霍姆斯除了受到强烈刺激之外，常常倾向于异想天开、似而是非，并且时常沉湎于社交活动。霍姆斯是《普遍法》、《军人的忠诚》以及写给诸多友人的令人愉悦、却杂乱无章的大量信件的作者，布兰代斯则是《他人的金钱》的作者，当他给别人写信时,那些信像是来自战场上的公报,常常带着遵循数字逻辑序列的炮火轰鸣之声。霍姆斯通常依据一个有限宇宙来进行思考,认为人只是其中的一个微乎其微的组成部分,并且怀疑任何形式的道德帝国主义,包括社会改革。布兰代斯则看到了在联邦范围之内,在一州之内,集中或联合的公司社团权力的出现,并且使每一次努力均朝向实现他在美利坚土地上建立起伯利克里式民主政体的梦想。布兰代斯是霍姆斯的良知。霍姆斯在其体内仍有很大程度上清教徒的伦理传统,足以使其具有一颗可以被唤醒的且坚定的沉睡着的正义之心。尽管作为一种良知,布兰代斯可以支持霍姆斯的法律观点,并强化其使之成为自由的动力,但是,他却无法从根本上改变霍姆斯。尽管有布兰代斯的全力鼓励,霍姆斯仍然不愿意去看布兰代斯劝他阅读的任何经济合同。他们正在不断"改进(improving)"——一个霍姆斯用于描述任何干扰其有限宇宙意识的东西的贬义词。霍姆斯认为,布兰代斯是那种始终热情的"积极向上"之人。而他的朋友弗雷德里克·波洛克爵士(Sir. Frederick Pollock)尽管在思想上或许不如布兰代斯那么深邃,但在品位上却与霍姆斯颇多相近之处。①

## 三、哲学比较:霍姆斯与爱默生、尼采

最后,我们通过哲学比较的视角"思辨"作为哲学家的霍姆斯。美国 18 世纪晚期至 19 世纪美学思想领域的根本变革预示了 19 世纪晚期至 20 世纪早期在其他智识领域——包括法律领域——中的相应变革。作为法律领域智识变革的领军人物,相对于同时代人而言,霍姆斯是一位捷足先登者,并且最先理解并且接受了这种美学变革,而霍姆斯的美学信仰受到爱默生

---

① 参见 Max Lerner ed. , The Mind and Faith of Justice Holmes: His Speeches, Essays, Letters and Judicial Opinions, Boston: Little, Brown and Company, 1945, xl ~ xli。

的深刻影响。对此,霍姆斯曾在一封致波洛克的信中写道:"我
年轻时候唯一的明灯,并且照亮我一生的是爱默生。"①

　　众所周知,这场 18 世纪晚期至 19 世纪早期的西方思想革
命被誉为"浪漫主义运动"(Romantic Movement),典型特征在于
对人类及其在宇宙中之位置的全新观念。积极投身于这场思
想运动的浪漫主义者有意识地反抗既有的智识秩序,而原有的
这种智识秩序实质上是理性主义、机械主义、形式主义、分析主
义与功利主义的。他们偏爱直觉胜于理性,偏爱个性胜于权
威,偏爱原创胜于模仿,偏爱自由胜于限制;他们感觉到变革与
成长是宇宙的第一法则;他们相信自由人与自然人本质上的
善;他们具有一种无法抵挡的对人类想象之创造力的忠实信
念。② 这种源于德国哲学家与艺术家的浪漫主义时代精神
(Zeitgeist),逐渐在欧美世界传播开来,并且体现于各种西方艺
术的表达形式之中。③ 在不同程度上,这些浪漫主义者拒绝正
统艺术品位的形式主义标准,努力突破对传统学术规范的严格
遵循,极力主张艺术作品的形式应当表达创作者独特的想象与
追求,同时还要能够回应受众的特殊情感需求,并且能够反映
人类经验与创造的广度与多样性。在西方艺术史上,这些浪漫
主义思想被称为"有机形式"(organic form)观念。对此,英国著

---

　　① 转引自[美]路易斯·梅南德:《哲学俱乐部——美国观念的故事》,肖凡、
鲁帆译,江苏人民出版社 2006 年版,第 57 页。
　　② Francis J. Mellen, Jr. , Ralph Waldo Emerson, Mr. Justice Holmes and the Ide-
a of Organic Form in American Law, 14 New England Law Review 147, 148 (1978 ~
1979).
　　③ 这些冠以浪漫主义的艺术家至少包括歌德(Goethe)、席勒(Schiller)、曼佐
尼(Manzoni)、海涅(Heine)、贝多芬(Beethoven)、舒曼(Schumann)、普希金(Push-
kin)、布莱克(Blake)、华兹华斯(Wordsworth)、拜伦(Byron)、济慈(Keats)、柏辽兹
(Berlioz)、库帕(Cooper)、霍桑(Hawthorne)以及梭罗(Thoreau)等人,正是他们的艺
术作品将各自的读者引领并导向了浪漫主义的立场与感悟。例如,歌德的《少年维
特的烦恼》就是此类浪漫主义艺术作品的典型代表。

名诗人柯勒律治(Samuel Taylor Coleridge)①曾经作出了著名的界定：

> 当我们将某种先定形式赋予任何特定素材时，形式是机械的，而并不必然源于该素材的特性；——例如，我们可以随意将一块湿泥塑成我们希望它变硬时能够继续保留的形状。另一方面，有机形式则是先天固有的；在其发展时，它从内部形塑自身，并且，其发展的充分程度与其外部形式的完美状态完全是一回事。生活即如此，形式也一样。②

这种有机形式观念认为，任何艺术作品的形式均应当来源于和形成于促使创作该作品的那种独特观念，而不是来源于对美的先入之见。在运用于诸如建筑之类的实用艺术(useful arts)时，这种有机形式观念通常被称做"功能主义"(functional-ism)，因为它要求对象的素材与形式首要取决于功能的考量而非修饰的考量。正是在这个意义上，形式服从于功能。

19世纪的美国人对这种有机理论及其建构于上的浪漫主义思想的逐渐接受，在很大程度上，应当归功于爱默生。爱默生1803年出生于波士顿，开始是一位职业的唯一神教牧师，后来逐渐转向演讲与写作。1837年，爱默生在哈佛大学发表了题为"美国学者"(The American Scholar)的著名演说，其间，他倡导美国知识分子应当建构起一种独立的、创造性的个人主义观念，并且向听众和读者——特别是19世纪四五十年代的年轻人——强调对于生活的浪漫主义观念。爱默生认为，艺术创作是一个直觉的而非理性的过程；一件艺术作品应当有机地呈现

---

① 塞缪尔·泰勒·柯勒律治(1772—1834)，英国诗人和批评家，18世纪晚期至19世纪早期欧洲浪漫主义运动的主要倡导者之一。

② S. T. Coleridge, Shakespeare, a Poet Generally, 转引自 Francis J. Mellen, Jr. , Ralph Waldo Emerson, Mr. Justice Holmes and the Idea of Organic Form in American Law, 14 New England Law Review 147, 119 ~ 150(1978 ~ 1979)。

于艺术家的脑海之中,正如他表达了一种先存于其头脑之中的观念。19世纪50年代后期,爱默生开始不可避免地由先验论者的"精神有机主义"转向一种几乎完全区别于形而上学的功能主义美学观。至1860年,爱默生开始接受将会在20世纪占据主流的美学观念以及审美标准。他相信,美学原理在所有人类行为中均会发挥作用,并且必须忘记高雅艺术与实用艺术之间的差异。①

或许,功能主义美学在某种程度上会对法律产生影响,爱默生对这种影响持有过分乐观的态度;然而,不可否认的是,在其死后几年间,美国法律思想的确经历了一场显著的变革——正如庞德(Roscoe Pound)所言,美国法律思想经历了一场"由分析主义向功能主义思想的转变"②。值得注意的是,爱默生的这种美学观念对霍姆斯的法律"有机哲学"产生了深刻影响。

关于爱默生对青年霍姆斯的影响,尽管没有人进行过详细研究,但事实却是清晰的。正如本书第一章中所述,霍姆斯出生于一个新英格兰的知识分子家庭,而这个家庭恰恰与爱默生之间具有密切的私人交往与智识的联系。霍姆斯曾于1860年大学期间发表了一篇题为《评阿尔伯特·杜尔》的文章③,该文字里行间透露出霍姆斯早年的基本美学观念,实际上,霍姆斯在大学期间始终坚持一种明显类似于爱默生在19世纪四五十年代所倡导的有机艺术哲学(organic philosophy of art)的美学理论。

霍姆斯对美国法律理论的巨大贡献在于,他早年承认这种

① 参见 Francis J. Mellen, Jr., Ralph Waldo Emerson, Mr. Justice Holmes and the Idea of Organic Form in American Law, 14 New England Law Review 147,150 ~ 153 (1978 ~ 1979)。

② R. Pound, Administrative Application of Legal Standards, 转引自 Francis J. Mellen, Jr., Ralph Waldo Emerson, Mr. Justice Holmes and the Idea of Organic Form in American Law, 14 New England Law Review 147,153(1978 ~ 1979)。

③ Oliver Wendell Holmes, Notes on Albert Durer, 7 Harvard Magazine 41 (1860).

**爱默生（1803—1882），美国思想家、诗人**

有机形式的浪漫主义观念可以同样适用于法律以及任何其他
人类行为之中。对霍姆斯而言，普通法的传统规则并不是一种
对抽象正义原则的逻辑表达，而仅仅是由法院所型构的用以满
足特定社会需求与观念的形式。当社会改变其对某个特定问
题的思考，或者出现新的问题时，法院就应当型构新的法律形
式以适应这种变化。相反，霍姆斯意识到，当出现新的案件时，
19 世纪的法官却在努力地通过演绎扩展而挽救陈旧的先例。
在许多情况下，结果却是以司法公正为代价而换取的逻辑一
致。正如霍姆斯在一篇书评中所言：

> 具有连续性的形式是依据意图将每件事简化为某
> 个逻辑后果的推理而得以保持的；但是，这种形式仅仅
> 是新来者为了使其符合传统要求而穿着的晚礼服。重
> 要之处在于礼服之下的人，而非衣服本身；同样，重要
> 的是裁决的公正与合理，而不是符合先前所持的观
> 点。①

---

① Oliver Wendell Holmes, Book Review( C. C. Langdell, A Selection of Cases on
the Law of Contracts, 2d ed. ), 14 American Law Review 233 ,234(1880).

依据霍姆斯关于法律历史的有机观点,一方面,普通法的形式通过应用既有先例而得以逻辑地成长;另一方面,普通法的实质通过适应当前需求而在立法上得以发展。因此,许多法律原则,在它们原初满足的需求已不复存在之后,并且在创设它们的理由被长久遗忘之后很久,仍然保留着它们的古老形式。不可避免的是,那些法律原则的逻辑力量因不断地扩展适用于不同的案件而逐渐削弱,因而在依然保留着的古老形式与不断出现的全新案件之间形成了一种两难困境。霍姆斯认为,普通法已经通过创设新的形式以适应新的社会信仰,从而解决了上述两难困境:

> 这是一个非常普遍的现象,同时,对于学习历史的学生而言,这也是一个非常熟悉的现象:远古时代的习俗、信仰或者需求确立起来一项规则或者一种程式,在几个世纪的发展过程中,习俗、信仰或者需求逐渐消失了,但规则却得以保留。形成规则的理由已被遗忘,而敏锐的思想仍会继续探寻这些规则究竟如何加以解释。[人们]会思考有关政策的一些依据,它们似乎解释了那些规则,并与当前的情况相符;接着,规则自身适应了[人们]为其找出的新的理由,并开始进入一个全新的领域。古老的形式接受了全新的内容,甚至有时这种形式修改自身以适应已被[人们]接受了的意义。①

因此,霍姆斯认为,19世纪晚期法律思想家的主要不足之处在于他们无力看清(或者不愿承认)普通法已经并且应当继续凭借社会压力"从里到外"加以型塑,而不是依据传统规则施加命令。与以法典为主要表现形式的成文法不同,以判例法为传统的普通法随时准备面对与适应新的情况以及随之而生的

---

① Oliver Wendell Holmes, The Common Law, Boston: Little, Brown and Company, 1923, p.5;中译文参见[美]霍姆斯:《责任的早期形式》,载《法律的生命在于经验——霍姆斯法学文集》,明辉译,清华大学出版社2007年版,第85~86页。

新的案件,因为在裁判新的案件时,普通法始终在不断地"修改法律规则的形式"①。在这个意义上,霍姆斯认为,正是因为具体的法律规则是依社会需求而形成的,故而整个普通法体系是一个极富生命力的有机体。这是与现实生活的和谐,而不是对逻辑原则的墨守。

在约 10 年间所发表的文章中②,霍姆斯隐蔽地酝酿着他的有机法律哲学;在 1876 年至 1877 年间发表于《美国法律评论》上的文章中,他首次清晰而详细地阐释了这种法律哲学,这些文章追溯了导致改变初民规则的社会变迁;然而,真正为世人所熟知的表达霍姆斯有机法律观念的段落却在 1881 年出版的《普通法》的开篇之处:

> 法律生命不在于逻辑,而在于经验。感受到的时代需求、流行道德和政治理论、对公共政策的直觉,不论是公认的还是无意识的,甚至法官及其同事们所共有的偏见,在决定治理人们的规则方面,比演绎推理影响更大。法律蕴涵了一个民族经过诸多世纪发展的历程,[我们]不能如此对待它,就好像它仅仅包含了一本数学教科书中的公理和推论。③

---

① Oliver Wendell Holmes, Codes, and the Arrangement of the Laws, 5 American Law Review 1,2(1870);中译文参见[美]霍姆斯:《法典与法律编制》,载《法律的生命在于经验——霍姆斯法学文集》,明辉译,清华大学出版社 2007 年版,第 24 页。

② 在 1870 年至 1880 年间,霍姆斯在《美国法律评论》上发表了超过 60 篇的文章、注释及书评,尽管其中有些并未署名。参见 Frankfurter, The Early Writings of O. W. Holmes, Jr., 44 Harvard Law Review 717(1931)。

③ Oliver Wendell Holmes, The Common Law, Boston: Little, Brown and Company, 1923, p.1;中译文参见[美]霍姆斯:《责任的早期形式》,载《法律的生命在于经验——霍姆斯法学文集》,明辉译,清华大学出版社 2007 年版,第 82 页。对于这段关于法律的经典表达,尽管绝大多数人均认为源自《普通法》,但实际上,这段文字的主要部分最初出现在一篇霍姆斯 1880 年对兰德尔(Langdell)的《合同法案例选编》(A Selection of Cases on the Law of Contract)的评论文章之中。参见 Oliver Wendell Holmes, Book Review, 14 American Law Review 233,234(1880)。

现在,无从得知爱默生是否阅读过上述这段文字以及作何评价,但是,霍姆斯却认识到自己的思想受到了爱默生的深刻影响,在1876年寄给爱默生《现代法律中的原始观念》一文的副本中,霍姆斯写道,

> 对我而言,在经过一段艰辛而痛苦的研习期后,我认识到,如果能够充分深入研究的话,法律会向哲学以及其他任何学科敞开了一条路径,并且我希望能够在有生之年证实这一点。[请您]相信这篇文章是在上述信念支持下撰写的,并且将之作为我对您的感激与尊敬的些许表达,相对于其他任何人而言,是您最早开启了我内心深处的哲学思考。①

显而易见,霍姆斯本人是承认爱默生对他的法律哲学的影响的。考虑到所有的环境条件,霍姆斯意在表明自己认识到,他在大学期间对于艺术与爱默生的有机审美哲学的兴趣最终在其有机法律哲学的首次充分展示中得到实现。在涉及他的法律著述时,霍姆斯从没有像在那封信中对待爱默生那样,明确或者直接地赞誉过任何其他的思想家。由此也可以看出爱默生的哲学思想对霍姆斯法律哲学之形成的影响与意义。

在20世纪的大西洋彼岸,还有一位至少以批判性哲学著称的伟大思想家,甚至向整个西方世界宣称"上帝已经死了",这位极具颠覆性的哲学家就是弗里德里希·威廉·尼采。② 通过对这两位伟大思想家的简要比较研究,或许可以一个不同的视

---

① 霍姆斯致爱默生的信(1876年4月16日),载 M. Howe, Justice Oliver Wendell Holmes: The Shaping Years, 1841~1870, at 203(1957)。

② 弗里德里希·威廉·尼采(1844—1900),德国哲学家。尼采声称基督教所强调的"来生说"使其信徒们不能很好地处理现世的生活,并且坚持认为,理想化的人类——"超人"——哲学能够创造性地引导情感而不被它们所压制。其著作主要包括《悲剧的诞生》(1870~1871年)、《快乐的知识》(1881~1882年)、《善与恶的彼岸》(1885~1886年)、《查拉图斯特拉如是说》(1883~1892年)和《道德的谱系》(1887年)。

角来加深我们对于作为哲学家的霍姆斯的认识与理解。理查德·A. 波斯纳在《法理学问题》中指出,在不太严格的意义上,霍姆斯与尼采处于同一个哲学领域之中。①

霍姆斯于 1881 年出版了英美法的经典之作《普通法》,而尼采则在 1887 年撰写了伟大的《道德的谱系》一书。两人不仅在时代上接近,而且在性格及方法论上均颇多相似之处。霍姆斯与尼采均运用了一种非常有效的怀疑主义分析方法——谱系学的方法。在《道德的谱系》及其他著作中,尼采试图从根本上削弱基督教道德的本体论地位,甚至宣称"上帝已经死了",并且认为,道德信仰反映的正是共同体中占据支配地位的信仰群体的需要和境况。在波斯纳看来,尼采实际上主张"道德是相对的,而不是绝对的;事实上,道德只是社会舆论"②。与之类似,霍姆斯在《普通法》中对普通法也进行了同样的分析:通过追溯法律原则的起源,而将每一项法律原则均与特定的社会历史环境联系起来,并且认为,19 世纪的形式主义者所假定的法律原则都是不可变更的形式概念,是非常荒谬的。因此,霍姆斯"强化了道德相对主义的经验教训……把法律转化成支配性的社会舆论,这与尼采将道德转化成社会舆论非常相似"。③ 尼采在揭露基督教起源时所运用的方法与霍姆斯通过追溯法律原则的起源来对普通法进行分析,是非常相似的。这两位 19 世纪伟大的怀疑主义者同时又都是"反精神论者",他们对于理性思考的力量均持有一种怀疑主义的态度。在霍姆斯的言论与著述中,非常明显地体现出其好战、竞争以及人类优生的观念,而这些都与尼采非常相似。如果用最简单的语词来概括两者的同性——尽管此类概括不可能是严格意义上的——那就是,霍姆斯与尼采均是批判性的。

_____

①　参见[美]理查德·A. 波斯纳:《法理学问题》,苏力译,中国政法大学出版社 2002 年版,第 301~307 页。

②　同上书,第 301 页。

③　同上书,第 301~302 页。

概言之，一方面，霍姆斯的形而上学观点——他的决定论、生机论、真理论、与虚无主义的对抗、对流血与冲突的宇宙的坚守——非常接近尼采的观点，主要区别在于霍姆斯承认世界的实在如同其自身实际情况一样；另一方面，与前者类似，霍姆斯对为其自身原因而履行的义务的向心性的坚持非常类似于康德的观点，主要区别在于霍姆斯否认康德将之视作理性之基本事实的"内心道德法则"的实在。①

然而，作为两个具有如此独特性格与经历的个体，在霍姆斯与尼采之间同样也存在着鲜明的差异。霍姆斯"关于言论自由和人身保护令的司法意见就体现了一种人道的和民主的视角"，而这与尼采的观点存在着极大的差异。此外，正如波斯纳所言，"在霍姆斯身上，好较劲的怀疑主义和相对主义与一种平和的功利主义同时和平共处，这也会令尼采非常反感"②。

---

① 参见 David Luban, Justice Holmes and the Metaphysics of Judicial Restraint, 44 Duke Law Journal 449, note 134(1994)。

② ［美］理查德·A. 波斯纳:《法理学问题》，苏力译，中国政法大学出版社 2002 年版，第 304 页。

# 第七章　历史地位及影响

> 　　一位伟人则代表了社会神经中的伟大中枢,或者,
> 换句话说,代表了历史运动中的战略要点,并且,他的
> 伟大之处部分就在于他曾经置身于那里。
> 　　　　　　　　　——奥利弗·温德尔·霍姆斯

　　让我们再次回到奥林帕斯山颠,重新审视这条奔流不息的历史长河,回忆那些在湍流折回之处激起的思想浪花。

　　霍姆斯的法哲学在美国法律史上具有极其重要的地位。其法哲学思想的形成,标志着美国法哲学的正式产生。1881 年,当时在哈佛法学院任教的霍姆斯发表了《普通法》,这是"一位美国法学家对普通法历史所作的第一次伟大贡献"。如果说实用主义是体现美国精神的美国哲学,那么实用主义法学无疑是真正的美国法哲学之开端。与此同时,霍姆斯的法律思想及理论也为后来庞德的法律社会学及美国现实主义法学的产生奠定了基础,甚至影响到此后的批判主义法学与经济分析法学。阿尔舒勒(Alschuler)声称,20 世纪的法律受到一种特别的道德怀疑主义的侵蚀,并且认为,这种怀疑主义既在那些包括批判法律研究、批判种族理论和女权主义法律理论的左派中可以寻得,也可以在那些信奉法律和经济学的右派中找到。所有这些理论——无论左或右——都可追溯到霍姆斯的影响。据阿尔舒勒所言,霍姆斯及其法理学——特别是其中的"坏人"法律理论——以"愤世嫉俗的刻薄"冲蚀了法律,并且很容易受到那些

追求各自政治生涯与目的之人的误解与贬损。①

作为后现代法学组成部分的批判法学、女权主义法学、种族批判法学、法律与文学等,均或多或少地受到了霍姆斯的法理学或法律思想直接或间接的影响。正是在这个意义上,霍姆斯不仅预言了 20 世纪法律思想的发展趋势,而且还为 21 世纪法律思想之延续注入了勃勃生机。

## 一、摧毁了西方法律传统的信仰

在形成、发展自己独特法律思想的过程中,具有强烈怀疑主义色彩的霍姆斯对西方传统法律观念进行了全面而严厉的批判。霍姆斯认为,对于思想或者权威不能盲目信任,而应以一种怀疑主义的态度来对待它们,因为"盲目信仰者的思想就像眼睛里的瞳孔。你照耀其上的光芒越灿烂,它就越收缩"。正基于此,霍姆斯展开全面批判的第一个对象就是曾经对其产生过深刻影响的分析法学。分析法学将某种特定的法律制度——实在法——作为其出发点,并主要通过归纳的方法从该法律制度中提取一些基本的观念、概念和特点,将它们同其他法律制度中的基本观念、概念和特点进行比较,以确定某些共同的因素。② 分析法学主要关注的是分析法律术语、法律命题在逻辑上的相互关系。霍姆斯严厉批判了分析法学在法律适用中的逻辑主义观点。在霍姆斯看来,"奥斯丁的问题在于他对于英格兰法的了解并不充分"③。霍姆斯不是仅仅从实在法本身分析或者解决法律问题,而是从法律之外,特别是从法律

---

① 参见 Catharine Pierce Wells, Reinventing Holmes: The Hidden, Inter, Life of a Cynical, Ambitious, Detached, and Fascistic Old Judge without Values, 37 Tulsa Law Review 801(2002)。

② 参见[英]约翰·奥斯丁:《法理学的范围》,刘星译,中国法制出版社 2002 年版。

③ Oliver Wendell Holmes, The Path of the Law, 10 Harvard Law Review 457, 475 (1897);中译文参见[美]霍姆斯:《法律的道路》,载《法律的生命在于经验——霍姆斯法学文集》,明辉译,清华大学出版社 2007 年版,第 229 页。

的历史及法律背后的社会利益的角度,来分析和解决法律问题。他认为,形成法律并维系其发展的根本不是逻辑,是经验,包括历史的经验和社会的经验。在这两者之间,更重要的是社会的经验。

在前文中,曾经简单介绍过美国建国之初一些重要思想家与政治家的法律思想。杰弗逊、潘恩等人均受到来自欧洲大陆的理性主义法学——在西方法律思想史上,也被称为"古典自然法学"——思想的影响,美国宪法中自然也包含了丰富的自然法精神。自然法对于美国法学产生了极为重要的影响,而作为一位具有深远影响的法哲学家,霍姆斯不可能回避西方法律史中的这一自然法传统。那么,霍姆斯是以一种什么样的态度来看待自然法的呢?

这种强调前提假设与逻辑推理的理性主义法学构成了西方现代法律的理论基础,并且直到 19 世纪末仍影响着西方法律界的思维模式。霍姆斯对于逻辑推理的批判实际上就是对于西方法律传统的一种批判。霍姆斯认为,人类具有一种追求完美的天性:

> 对于浪漫的骑士来说,你[仅仅]赞许他的情人是一位极为优雅的女性,那是不够的——如果你不承认她是上帝曾经塑造或者将要塑造的所有女性之中最优雅者,那么你将不得不面对他的决斗。在所有男人的心中,都怀有一种成为出类拔萃者的渴求,这种要求如此之高,以至于那些没有其他办法的可怜家伙只能通过灌醉自己而达到目的。在我看来,这种渴求既是哲学家为证明绝对真理而不懈努力的动因,也是法学家在自然法主旨之下追寻普遍正当性标准的基底。[1]

---

[1] Oliver Wendell Holmes, The Natural Law, 32 Harvard Law Review 40(1918);中译文参见[美]霍姆斯:《自然法》,载《法律的生命在于经验——霍姆斯法学文集》,明辉译,清华大学出版社 2007 年版,第 175 页。

　　在一般人看来,真理常常是那些被多数人所认可的东西。但是,霍姆斯则认为,"完全[的主观]确信并非[客观]确定性的检验标准。我们过分相信许多名不副实的东西。……财产、友谊和真理最终具有共同的根源"。由于每个人的成长经历不同,每个人都会有自己任意而随性的偏好。在差异或分歧无法达成共识的情况下,我们不能压制持异议者,而应当学会接受"带着同样的诚挚或信仰,其他人也宁愿通过奋斗与牺牲去创造一个不同的世界"①。这不由得令人想起19世纪的另外一位伟人曾经说过的一句话:"你们并不要求玫瑰花与紫罗兰散发出同样的芳香,但却为什么要求世界上最伟大的财富——精神——只能具有一种存在形式呢?"②所以,霍姆斯认为,真理不过是人们在各自的经验基础上的有限认知所构成的体系,多数人认可的事实只能证明真理的客观性,而非真理本身。

　　在霍姆斯看来,"那些相信自然法的法学家们处于这样一种天真的思想状态之中,即他们承认那些已为他们及其邻人所熟知和接受的东西,而那些东西又必定是为所有地方的所有人所接受的"③。霍姆斯认为,这实际上是一种误解。自然法学家主张存在一种处于人类想象之中的先在权利,而实际上,这种权利的基础则在于人们对于身处其中的社会的需要。所以,人们对于某项规则先天存在的基础的认定不是一种"应然",而是由人所组成的社会的实际需要。

　　霍姆斯认为,现实中并不存在我们追求想象之物的任何理

---

　　①　Oliver Wendell Holmes, The Natural Law, 32 Harvard Law Review 40(1918);中译文参见[美]霍姆斯:《自然法》,载《法律的生命在于经验——霍姆斯法学文集》,明辉译,清华大学出版社2007年版,第176页。

　　②　"You do not demand that the rose should smell like the violet, but must the greatest riches of all, the spirit, exist in only one variety?"参见《千年最伟大的思想家——马克思》,中央文献出版社2000年版,第16页。

　　③　Oliver Wendell Holmes, The Natural Law, 32 Harvard Law Review 40(1918);中译文参见[美]霍姆斯:《自然法》,载《法律的生命在于经验——霍姆斯法学文集》,明辉译,清华大学出版社2007年版,第176页。

性背景。实际情况是,我们不能将自己掌握的关于某些事物的经验认识扩展到我们尚未掌握的事物之上,仅仅适用多数主义原则似乎无益于问题的解决。对此,霍姆斯冷静地指出,

> 就法律目的而言,权利仅仅是一种关于预测的人格化产物——一种关于支持如下事实的主旨的想象,即应当将公共力量施于那些做了据称违犯该公共力量之事的人——正如我们在解释特体空间运动的重力作用时所谈论的。一个语词仅仅是将另一个语词赋予即使没有该语词我们也可以认知的内容之上。无疑,在这些法定权利的背后,是以维系这些权利为主旨的战斗意志,以及人们对于维护这些权利的普遍规则的感情的弥散;但是,在我看来,这与对义务的假定先验识别或者对先在权利的判断完全是两回事。一只狗也会为它的骨头而战。①

因此,在现实世界中,占多数的自然法学家也不能以自己的理论代替少数持反对意见者的观点。所以,霍姆斯认为,盲目追求自然法是不必要的。

从霍姆斯对自然法观念的批判中,不难看出他的实用主义哲学倾向。实用主义哲学主张经验性的东西,反对超验性的东西。在霍姆斯看来,指导人类思想的哲学——也就是他所坚持的实用主义哲学——"并不提供动机,但它却可以使人们明白,对于做他们早已想做之事而言,他们并不是白痴。它将直面我们为之抛却生命的渺茫希冀,直面人类思想终极目的的展望,

---

① Oliver Wendell Holmes, The Natural Law, 32 Harvard Law Review 40(1918); 中译文参见[美]霍姆斯:《自然法》,载《法律的生命在于经验——霍姆斯法学文集》,明辉译,清华大学出版社 2007 年版,第 177～178 页。

以及在未知中博动而出的和谐旋律"。①

　　纵观整个西方法律思想的历史,在 19 世纪下半期,历史法学几乎占据了西方法律的整个思想领域,从德意志到英格兰,随处可见历史法学的思想之光,这光芒甚至穿越了大西洋,映照着整个北美大陆。然而,恰恰在这一背景下,深受历史法学思想影响的霍姆斯大法官却以其"法律经验"展开了对历史法学及其学者的批判。② 霍姆斯批判德国历史法学家,特别是萨维尼,认为他们除了罗马法之外一无所知。作为历史法学的主要创始人,萨维尼主张,最好的法律思想家是罗马法学家,现代法律的任务就是重新发现那些赋予罗马法律思想以活力的原则;而霍姆斯却认为,最好的法律思想是现代的,因为只有现代的思想家能够把握现代的问题。③ 霍姆斯尖锐地指出历史法学的法律观点存在以下几个方面的问题:其一,它仅仅是在历史中寻求法律规则的正当性理由,而无法认识到法律规则所赖以成长的各种社会利益因素;其二,它认为法律只是历史发展的产物,否定法律可以通过人为因素加以改进;④其三,基于前两者,它甚至认为,只要是法律年鉴中记载的法律规则,就应当成为现在有效的行为规则。⑤

---

　　① 　Oliver Wendell Holmes, The Natural Law, 32 Harvard Law Review 40(1918);中译文参见[美]霍姆斯:《自然法》,载《法律的生命在于经验——霍姆斯法学文集》,明辉译,清华大学出版社 2007 年版,第 180 页。

　　② 　尽管霍姆斯曾经一度信仰过历史法学,但却并未囿于历史,而是将历史研究作为一种法律研究的方法贯穿于其法律事业(理论研究与司法实践)当中。相关讨论可以参见徐爱国:《破解法学之迷》,学苑出版社 2001 年版,第 176~178 页。

　　③ 　参见[美]理查德·A. 波斯纳:《法律理论的前沿》,武欣、凌斌译,中国政法大学出版社 2001 年版,第 213 页。

　　④ 　正是从这一角度来看,历史法学是典型的保守主义。

　　⑤ 　参见[美]罗斯科·庞德:《法律史解释》,邓正来译,中国法制出版社 2002 年版,第 15 页。

## 二、奠定了美国现代法理学的基础

19世纪末到20世纪初，是美国法律——也是美国历史——发展中的一个极为关键的转折点。因为在前一个世纪曾有占主流的哲学思想，支配着整个国家社会的方方面面，而有影响的思想家们通过对主流思想(如斯宾塞哲学)的批判，预见到了美国在下一个世纪发展的主题。霍姆斯就是这类有影响的思想家之一。在法律史学家眼中，霍姆斯大法官已经成为20世纪第一流的预言家。霍姆斯那代人是追随达尔文与斯宾塞的一代人，因此，他始终没有摈弃达尔文主义的观点。然而，霍姆斯的达尔文主义与一种自发的怀疑论混合在一起。这种怀疑使得他不可能接受斯宾塞信徒们的教条主义方法。在霍姆斯看来，"相信进化的理论，相信制度会通过不断地适应环境而获得自然的发展，就应该坚持一种理论，即政府从原理出发，经过逻辑演绎，一劳永逸地确立对自己的永久的限制，似乎总是离奇的、违背常理的"。霍姆斯拒绝将来自理性的教条与自然法则混为一谈，他认为，"没有任何具体的命题是自我证明的，不论我们多么愿意接受它。即使是赫伯特·斯宾塞先生所说的——'每一个人都有权做他所愿意做的事，只是他不能干涉旁人类似的权利'——也不例外"。霍姆斯不仅是一位伟大的大法官，同时也是一位著名的法律史学家。除了诸多被引证的经典判例之外，他最伟大的成就之一，就是对普通法原则的历史分析，但是，他否定了历史法学派的消极态度。对于霍姆斯而言，无论在历史上，还是在法律中，都不存在无法改变的东西，除非人为地这样去做。

霍姆斯通过他的《普通法》及经典的法律意见与演讲，"吹响着20世纪法理学的号角"。如果法律反映了"这个时代已被感觉到的需要"，那么就应该由这些现实社会的需要而不是任何什么理论来决定法律应该是什么。当然，在霍姆斯那个时代，这些观点并未得到美国法官与律师的认同，甚至是霍姆斯任期内的大多数最高法院的法官也并不完全认同。但幸运的是,在那之后的人们逐渐地接受了霍姆斯的观点,甚至有学者认为,"如果说,19世纪是一个法律达尔文主义的世纪,那么,20世纪最终要成为大法官霍姆斯的世纪"①。

20世纪前半期,美国法律的发展脉络,主要是从法律达尔文主义到霍姆斯的法律现实主义。在这一时期,美国最高法院不断地将宪法与放任主义等同起来,而这时,人们开始将霍姆斯的反对意见视为新时代的曙光。如果说霍姆斯为20世纪的美国奠定了主要的法学基础,那么,他并不一定赞成它所依据的设想。霍姆斯对于法律和生活的态度,所依据的是其头脑中与生俱来的一种怀疑主义。霍姆斯的怀疑主义,使得其对建立在陈腐教条之上的理论和决策表示质疑,在他看来,诸多被遵循的教条根本上都是毫无意义的。他将虚幻的希冀,看做是谬误的起源,而在适用被"美国之父们"有意制定得含糊不清的宪法条文时,他的哲学基础是"坚信我们的宪法制度是建立在宽容的基础之上的,其最大的敌人是绝对化"。不仅法官,包括立法者,他们对管理措施背后的政策考虑拥有最高发言权。即使那些法律是被认为在经济上失策的法律,法官的职责依然是实施法律。至20世纪中期,霍姆斯的司法自我约束原则已经成为一种确定的原则。②

总体而言,霍姆斯可以被认为是一个实用主义、社会达尔文主义、浪漫主义和社会集体主义的奇异复合者。然而,正是这个不可思议的复合体,却在奠定了美国现代法理学基础的同时,深深地影响了美国现代法律思想的发展。波斯纳认为,霍

---

① 参见[美]伯纳德·施瓦茨:《美国法律史》,王军等译,中国政法大学出版社1990年版,第173页。
② 参见[美]伯纳德·施瓦茨:《美国法律史》,王军等译,中国政法大学出版社1990年版,第202~203页。

姆斯是美国"实用主义法理学的创始人和最伟大的体现"①。

## 三、影响了美国法理学的发展趋势

作为美国社会学法学的创始人,罗斯科·庞德(Roscoe Pound)在很大程度上受到美国实用主义哲学和霍姆斯法理学的影响。从他的《法哲学导论》中,似乎不难看出上述影响:

> 为了理解当下的法律,我满足于这样一幅图景,即在付出最小代价的条件下尽可能地满足人们的各种要求。我愿意把法律看成这样一种社会制度,即在通过政治组织的社会对人们的行为进行安排而满足人们的需要或实现人们的要求的情形下,它能以付出最小代价为条件而尽可能地满足社会需求——即产生于文明社会生活中的要求、需要和期望——的社会制度。就理解法律这个目的而言,我很高兴能从法律的历史发现了这样的记载:它通过社会控制的方式而不断扩大对人的需求、需要和欲望进行承认和满足;对社会利益进行日益广泛和有效的保护;更彻底和更有效地杜绝浪费并防止人们在享受生活时发生冲突——总而言之,一项日益有效的社会工程。②

霍姆斯强调,历史和社会中的各种力量,特别是政策与社会需求,在维系法律的生命以及在法律发展中发挥着不可或缺的根本作用。正如霍姆斯所言,

> 如果这种对于法律人的训练可以使其习惯性地更为明确和清晰地考量社会利益,并且可以依据社会利益来证实他们所制定的规则,那么,他们也会间或对于

---

① [美]理查德·A.波斯纳:《法理学问题》,苏力译,中国政法大学出版社2002年版,第307页。

② 转引自[美]博登海默:《法理学:法律哲学与法律方法》,邓正来译,中国政法大学出版社1999年版,第147页。

他们现在颇为自信之处而感到犹豫，并且，他们也会明白，他们实际上始终都会对于那些存在争议且通常是迫在眉睫的问题心存偏袒。①

**罗斯科·庞德（1879—1964），美国法学家**

在上述分析与论证的基础上，庞德则将这种社会需求加以系统化，并且进一步提出，通过法律的社会控制以实现社会利益以及对于社会利益的保护。在其所描述的这一法律图景中，庞德将功利主义法学中的"个人的功利色彩"引申为以最小的代价来满足人们的社会需求，从而更加突出了"社会的功利色彩"。此外，庞德认为，法律的发展是一个"潜移默化的过程"，并"通过法律科学和经司法经验主义的立法蓄意、深思熟虑、并

① Oliver Wendell Holmes, The Path of the Law, 10 Harvard Law Review 457,468（1897）；中译文可参见［美］霍姆斯：《法律的道路》，载《法律的生命在于经验——霍姆斯法学文集》，明辉译，清华大学出版社 2007 年版，第 220 页。

毫不掩饰地发展"。① 这种法律发展的过程,实际上,正是霍姆斯所主张的经验在法律发展中的主导作用的自然延续。

在 20 世纪初期的美国社会中,一种与传统理论无关的、涉及法律本身的全新概念逐渐形成并发展起来。一个新的美国法学家群体开始对这一全新概念进行了详尽的阐述,并且挑战那个时代美国司法界和法学界占统治地位的法律推理理论和裁判观念,这就是所谓的"法律现实主义"(legal realism)。② 这个法律现实主义者群体所展开的阐述却是以霍姆斯大法官的论述——"对于法院实际上将要做什么的预测(prophecies),而不是什么其他的自命不凡,就是我所谓的法律的含义"③——作为开端的。此后,杰罗姆·弗兰克(Jerome Frank)——美国法律现实主义的杰出代表人物之一——的法律观念实际上正是霍姆斯所谓的"法律的含义"的逻辑延续。弗兰克认为,法律"仅是对法院将如何断案的一种猜测,因此,所谓法律,或者是事实上的法,即过去的一个具体判决;或者是可能性的法,即对未来判决所作的推测"。法学家和法官通常习惯于在某种权威的指导之下寻找法律,然而,法律并非在此之中,所以"不要从规则中寻找法律,而应从现存的法律中去寻找规则"。现实主义法学作出的极具价值的贡献之一,就在于强调书本上的法律与实践中的法律之间的区别,即法律制度所说与所做之间的区别。

这一支持"现实主义"与反对形式主义的普遍智识运动到 20 世纪 20 年代末到达了它的全盛时期。这一社会学派的大量典型倾向,特别是其对于相关社会科学的依赖,被看做是霍姆

---

① [美]罗斯科·庞德:《普通法的精神》,唐前宏等译,法律出版社 2001 年版,第 121 页。

② 参见[美]布赖恩·比克斯:《法理学:理论与语境》,邱昭继译,法律出版社 2008 年版,第 213 页。

③ Oliver Wendell Holmes, The Path of the Law, 10 Harvard Law Review 457,461 (1897);中译文可参见[美]霍姆斯:《法律的道路》,载《法律的生命在于经验——霍姆斯法学文集》,明辉译,清华大学出版社 2007 年版,第 221 页。

斯关于法律的观点的反映。因此,其基本方法比与纯粹现实主
义相适应的方法更哲学化更抽象化。现实主义者也是对法律
与法律制度从事经验社会科学研究的第一批法律人,尽管他们
的大量假定是幼稚的,并且他们所创制的东西一般被认为承受
了对于粗略经验主义的依赖。此外,现实主义法学家经常会被
认为是,在某种程度上,对霍姆斯将法律看做法院可以作出什
么裁决的观点作出回应的人。①

对于美国法理学而言,霍姆斯仍然是唯一的导师式的人
物。然而,霍姆斯是美国法律思想的开创者,而非终结者。此
后,作为其在美国最高法院的继任者,本杰明·N.卡多佐(Ben-
jamin N. Cardozo)②同时也是霍姆斯法哲学思想的继任者,他在
《司法过程的性质》中进一步强化了霍姆斯关于法律思想的许
多洞识。霍姆斯曾经指出,美国当时的司法制度使司法过程变
得机械而僵化,受形式主义影响的过于讲究逻辑的司法方法在
某种程度上已经无法适应时代的要求,因此,时代需要"现实主
义"。卡多佐正是沿着这一进路逐渐形成了自己的司法现实主
义理论,并且集中体现在他的《司法过程的性质》一书之中。卡
多佐认为,在法官裁决案件——司法的过程中,法官需要运用
类比、逻辑的方法,并将个人的功利和公平等观念注入其中,而
在普通法中,法官所作出的判决又将成为其他案件判决的主要
依据,因此,在某种程度上,这一司法过程不再是对于法律规则
的发现过程,而是对于法律规则的创造过程。③ 正如波斯纳所
言,"霍姆斯和卡多佐,以及约翰·奇普曼·格雷和罗斯科·庞

---

① 参见 Lloyd's Introduction to Jurisprudence(sixth edition), London: Sweet &
Maxwell LTD., 1994, pp. 655~670。

② 本杰明·N.卡多佐(1870—1938),美国历史上最有影响的大法官和法学
家之一,他的法学著作包括《司法过程的性质》(1921 年)、《法律的生长》(1924
年)、《法律科学的悖论》(1928 年)等。

③ 参见[美]本杰明·N.卡多佐:《司法过程的性质》,苏力译,商务印书馆
1998 年版。

德,但特别是霍姆斯,为兴盛于 20 世纪 20 年代的'现实主义法学'运动奠定了基础"①。在霍姆斯的大量法律著述中,随处可以发现许多法律现实主义者的主题②,进而以至于有人认为,"在法理学的重大问题上,现实主义法学家并没有说出什么此前霍姆斯和卡多佐没有说过的东西"③。

尽管这些法律现实主义者之间存在着巨大的差异,甚至并未形成一致的观点、价值、主题或者方法论,但从整体上看,他们在以下几个方面达成了共识。首先,这种"法律现实主义"主要关注的是司法裁判,并且主张:司法裁判是以事实为中心的;法官的裁判常以个人或政治的偏见为基础,并且是以直觉为基础建构出来的;公共政策和社会科学应当发挥重要作用。其次,他们批判形式主义的法律推理,认为在科学和演绎推理的虚假外表之下,法律规则和概念事实上经常是不确定的,而非中立的或不偏不倚的。此外,正是基于法律概念和法律推理的不确定性,便产生了依赖其他术语——诸如"直觉"或者"偏见"等——解释司法裁判的需要,因而也刺激司法过程中出现了在不同程度上关注社会科学和"公共政策"的机会。④ 显然,这一切仅仅是霍姆斯在《普通法》中一段经典而凝炼的表达的注脚而已,即:

> 法律的生命不在于逻辑,而在于经验。感受到的
> 时代需求、流行道德和政治理论、对公共政策的直觉,
> 不论是公认的还是无意识的,甚至法官及其同事们所

---

①　[美]理查德·A.波斯纳:《法理学问题》,苏力译,中国政法大学出版社 2002 年版,第 24～25 页。

②　参见[美]布赖恩·比克斯:《法理学:理论与语境》,邱昭继译,法律出版社 2008 年版,第 214 页。

③　[美]理查德·A.波斯纳:《法理学问题》,苏力译,中国政法大学出版社 2002 年版,第 25 页。

④　参见[美]布赖恩·比克斯:《法理学:理论与语境》,邱昭继译,法律出版社 2008 年版,第 215 页。

　　共有的偏见，在决定治理人们的规则方面，比演绎推理
影响更大。①

　　霍姆斯在《普通法》中批判了德国历史法学，尤其是萨维尼
1803 年的《占有法》。他认为，德国法律理论，特别是萨维尼的
占有理论的真正渊源不是罗马法，也不是便利、政策或"日常生
活的真正需要"，而是德国的道德哲学，特别是康德与黑格尔的
哲学。由于霍姆斯是一位道德怀疑论者，相对轻视道德哲学，
并认为对于理解要求将法律责任与道德责任以及法律术语与
道德术语清晰地区分开。通过这一批判，霍姆斯树立起这一信
念，即应当塑造法律来服务于当前的社会实践需要。霍姆斯尽
管极具摧毁性地批判了德国法律理论，但并未致力于建立起一
种可以替代它的社会理论。然而，这一批判的重大意义却在
于，为此后关于占有理论乃至整个法律制度的现代经济分析铺
平了道路。②

　　在 20 世纪 70 年代早期，一些法律学者受到 20 世纪 60 年
代晚期的学生运动和欧陆社会学理论的启发，这些联合起来形
成了一场被称为"批判法学"的智识运动。在很大程度上，这场
运动实际上就是"法律现实主义以一种不可调和的激进形式的
复兴"③。批判法学与现实主义法学存在着密切的关系。两者
都善于批判揭露现实，都主要是对各自时代的法律现状从左翼
进行抨击，他们在政治上的不同反映出来的只是自 1930 年以
来美国大学校园中的政治中心向左移动了。而经济分析法学
与现实主义法学的关系则不是很清楚。经济分析法学的许多

---

　　① 　Oliver Wendell Holmes，The Common Law，Boston：Little，Brown and Compa-
ny，1923，p.1；中译文参见［美］霍姆斯：《责任的早期形式》，载《法律的生命在于
经验——霍姆斯法学文集》，明辉译，清华大学出版社 2007 年版，第 82 页。
　　② 　［美］理查德·A.波斯纳：《法律理论的前沿》，武欣、凌斌译，中国政法大
学出版社 2003 年版，第 199 ~ 214 页。
　　③ 　［美］理查德·A.波斯纳：《法律理论的前沿》，武欣、凌斌译，中国政法大
学出版社 2003 年版，第 14 页。

代表人物都是经济学家。作为经济分析法学的理论基础,经济学极为重视逻辑推理和数学推理。经济分析法学与现实主义法学的相似之处主要在于,经济分析法学认为法律规则和制度都有功能性、社会性的解说,而不仅仅在于其具有一个内在的、法律人的逻辑;在这一点上,经济分析法学是反形式主义的。然而,在强调法律的功能性时,经济分析法学则更接近于"美国现实主义法学之父"——霍姆斯,而不是接近于法律现实主义者。现实主义法学强调自由派的社会改革理论。经济分析法学与批判法学之间的相似之处则在于,两者均在法律之外寻找到了法律的源泉与生命力。经济分析法学的狂热支持者认为,法律就是经济学,而批判法学的激进拥护者则认为,法律就是政治。[1]

此后,在其日益衰落的同时,批判法学运动却极力地推动了其他激进的法理学或者法律理论的形成与发展,特别是女权主义法学和种族批判法学。女权主义法学以与批判法学同样激进的方式,强调现在法律教义和法律制度具有意识形态属性。当代女权主义法学的影响力日益凸显,与经济分析法学和批判法学一样,女权主义法学实际上也属于一种交叉学科或者边缘学科。与此同时,种族批判法学则强烈批判法律理性,甚至主张抛弃法律文献中原本的正式原则,以保护社会中少数群体或者少数族裔的权利。

作为古希腊伟大哲学家柏拉图的学生,亚里士多德曾云:"吾爱吾师,吾更爱真理。"从这句经典中,有人或许读出了亚里士多德对于真理的信仰,然而,更值得品味的是,这其中实际上蕴涵着西方智识传统中对所谓的"真理"或者"权威"的怀疑与批判精神。自真正的思想产生以来,就一直有些思想家对这一命题表示怀疑,即法律推理能否提出某些所谓的"真理"。作为

---

① 参见[美]理查德·A.波斯纳:《法理学问题》,苏力译,中国政法大学出版社2002年版,第550~551页。

**实用主义法理学的创始人——霍姆斯**

"最伟大的法律实用主义者"和"实用主义法理学的创始人",霍姆斯正是此类伟大的思想家之一。在体现霍姆斯法理学与法律思想的文章、演讲、法律意见书、书信等各种著述之中,可以找到一切现实主义法学家的主张与观点。现实主义法学有所增加并且作为遗产传给批判法学运动的,绝大部分只是粗略地延续了的霍姆斯和卡多佐的思想。作为这一思想基础之一的实用主义与后现代主义一起,共同支持了女权主义法学、批判法学和种族批判法学,对西方法律传统展开了最激烈、最强有力的批判。①

---

① 参见[美]理查德·A.波斯纳:《超越法律》,苏力译,中国政法大学出版社2001年版,第2页。

# 结　语

在英美法理学界,许多学者分别从各自不同的角度与立场对霍姆斯提出了不同的,甚至相反的看法、主张与评判,归纳言之,他们通常认为,霍姆斯是一位法律实用主义者、自由主义者、保守主义者、社会达尔文主义者、工具主义型司法决策的创始人,等等。或许,霍姆斯本人也正是一个难以拆解与化约的思想复合体?无论后人如何评说,在美国法律史上,乃至在整个西方法律思想史上,霍姆斯都将注定成为一位颇具争议,也值得争议的人物,对于霍姆斯本人及其法理学与法律思想,甚至每一份法律意见或者每一个警句,不同的人或许都会有自己的看法与评判,从而无法形成一个达成共识的或者确定的结论。然而,可以确定的是,在其去世近四分之三个世纪之后,关于霍姆斯本人及其法理学与法律思想的讨论与争辩仍将持续下去。

1931 年 3 月,正值大法官霍姆斯先生九十岁华诞之际,他在美国联邦最高法院的继任者卡多佐大法官在《哈佛法律评论》上发表文章称,霍姆斯"对于所有法律专业的学生和所有人文社会学专业的学生而言,均是一位哲学家和预言家,也是我们这个时代法学领域最伟大的哲学家和这个时代最伟大的预言家"①。

---

① Benjamin N. Cardozo, Mr. Justice Holmes, 44 Harvard Law Review 682, 684 (1931).

**美国联邦最高法院大法官霍姆斯(1841—1935)**

与此同时,休斯(Charles E. Hughes)大法官甚至带着无比的崇敬之情指出,"大法官霍姆斯先生是一位法律的预言家","在法袍之下,他具有一种骑士精神,有时,我认为,我能觉察到剑的存在"①。

---

① Charles E. Hughes, Mr. Justice Holmes, 44 Harvard Law Review 677, 679 (1931).

# 参考文献

## 一、外文资料

1. K. N. Llewellyn, Holmes, 35 Columbia Law Review 485 (1935).
2. Oliver Wendell Holmes, The Natural Law, 32 Harvard Law Review 40 (1918).
3. Max Lerner ed. , The Mind and Faith of Justice Holmes: His Speeches, Essays, Letters and Judicial Opinions, Boston: Little, Brown and Company, 1945.
4. Oliver Wendell Holmes, Speeches, Boston: Little, Brown & Company, 1913.
5. Jeffrey O'Connell and Thomas E. O'Connell, From Doctor Johnson to Justice Holmes to Professor Laski, 46 Maryland Law Review 320 (1987).
6. Catherine Drinker Bowen, Yankee from Olympus: Justice Holmes and His Family, Boston: Little, Brown and Company, 1944.
7. Oliver Wendell Holmes, The Path of the Law, 10 Harvard Law Review 457, 469 (1897).
8. Mark DeWolfe Howe, The Positivism of Mr. Justice Holmes, 64 Harvard Law Review 529 (1951).
9. Oliver Wendell Holmes, Codes, and the Arrangement of Law, 5 American Law Review 1 (1870).
10. Oliver Wendell Holmes, The Common Law, Boston: Little, Brown and Company, 1923.
11. Mark DeWolfe Howe ed. , Holmes ~ Pollock Letters: The Correspondence of Mr. Justice Holmes and Sir Frederick Pollock,

1874 ~ 1932, Cambridge: The Belknap Press of Harvard University Press, 1961.

12. Oliver Wendell Holmes, Collected Legal Papers, New York: Harcourt, Brace and Company, 1921.

13. Oliver Wendell Holmes, The Gas – Stokers' Strike, 7 American Law Review 582(1873).

14. G. Edward White, Justice Oliver Wendell Holmes: Law and the Inner Self, New York: Oxford University Press, 1993.

15. Richard A. Posner, Foreword: Holmes, 63 Brooklyn Law Review 7(1997).

16. Oliver Wendell Holmes, Agency I, 4 Harvard Law Review (1891).

17. Oliver Wendell Holmes, Agency II, 5 Harvard Law Review 1 (1891).

18. Oliver Wendell Holmes, Privilege, Malice, and Intent, 8 Harvard Law Review 1(1894).

19. Oliver Wendell Holmes, Executors, 9 Harvard Law Review 42 (1895).

20. Robert W. Gordon, Holmes' Common Law as Legal and Social Science, 10 Hofstra Law Review 719, 719(1981 ~ 1982).

21. Francis J. Mellen, Jr., Ralph Waldo Emerson, Mr. Justice Holmes and the Idea of Organic Form in American Law, 14 New England Law Review 147(1978 ~ 1979).

22. Oliver Wendell Holmes, Notes on Albert Durer, 7 Harvard Magazine 41(1860).

23. Oliver Wendell Holmes, Book Review(C. C. Langdell, A Selection of Cases on the Law of Contracts, 2d ed.), 14 American Law Review 233,234(1880).

24. Frankfurter, The Early Writings of O. W. Holmes, Jr., 44 Harvard Law Review 717(1931).

25. Mark DeWolfe Howe, Justice Oliver Wendell Holmes: The Shaping Years, 1841 ~ 1870(1957).

26. David Luban, Justice Holmes and the Metaphysics of Judicial Restraint, 44 Duke Law Journal 449(1994).

27. Catharine Pierce Wells, Reinventing Holmes: The Hidden, Inter, Life of a Cynical, Ambitious, Detached, and Fascistic Old Judge without Values, 37 Tulsa Law Review 801(2002).

28. Lloyd's Introduction to Jurisprudence(sixth edition), London: Sweet & Maxwell LTD. , 1994.

29. Benjamin N. Cardozo, Mr. Justice Holmes, 44 Harvard Law Review 682(1931).

30. Charles E. Hughes, Mr. Justice Holmes, 44 Harvard Law Review 677(1931).

31. Michael H. Hoffheimer, The Early Critical and Philosophical Writings of Justice Holmes, 30 Boston College Law Review 1221(1989).

## 二、中文资料

1. [美]霍姆斯:《法律的生命在于经验——霍姆斯法学文集》,明辉译,清华大学出版社 2007 年版。

2. [美]路易斯·梅南德:《哲学俱乐部:美国观念的故事》,肖凡、鲁帆译,江苏人民出版社 2006 年版。

3. [美]亚伯拉罕:《法官与总统》,刘泰星译,商务印书馆 1990 年版。

4. [美]施瓦茨:《美国法律史》,王军等译,中国政法大学出版社 1990 年版。

5. [美]康马杰:《美国精神》,南木等译,光明日报出版社 1988 年版。

6. [法]托克维尔:《论美国的民主》(上卷),董果良译,商务印书馆 1988 年版。

7. [英]梅因：《古代法》，沈景一译，商务印书馆 1959 年版。

8. [美]罗斯科·庞德：《普通法的精神》，唐前宏、廖湘文、高雪原译，夏登峻校，法律出版社 2001 年版。

9. [英]霍布斯：《利维坦》，黎思复、黎廷弼译，杨昌裕校，商务印书馆 1985 年版。

10. [美]亚历山大·米尔克约翰：《表达自由的法律限度》，侯健译，贵州人民出版社 2003 年版。

11. [英]边沁：《道德与立法原理导论》，时殷弘译，商务印书馆 2000 年版。

12. [英]边沁：《政府片论》，沈叔平等译，商务印书馆 1995 年版。

13. 徐爱国：《再审视作为法学家的边沁》，载《华东政法学院学报》2003 年第 6 期。

14. [英]约翰·奥斯丁：《法理学的范围》，刘星译，中国法制出版社 2002 年版。

15. 吕世伦主编：《现代西方法学流派》，中国大百科全书出版社 2000 年版。

16. [德]弗里德里希·卡尔·冯·萨维尼：《论立法与法学的当代使命》，许章润译，中国法制出版社 2001 年版。

17. 王元明：《行动与效果：美国实用主义研究》，中国社会科学出版社 1998 年版。

18. [美]纳尔逊·曼弗雷德·布莱克：《美国社会生活与思想史》(下册)，许季鸿译，商务印书馆 1997 年版。

19. [美]博登海默：《法理学：法律哲学与法律方法》，邓正来译，中国政法大学出版社 1999 年版。

20. [美]理查德·A. 波斯纳：《法理学问题》，苏力译，中国政法大学出版社 2002 年版。

21. [美]霍姆斯：《普通法》，冉昊、姚中秋译，中国政法大学出版社 2006 年版。

22. 徐爱国：《破解法学之谜》，学苑出版社 2001 年版。

23. 吴经熊:《超越东西方》,周伟驰译,雷立柏注,社会科学文献出版社 2002 年版。

24. [美]爱·麦·伯恩斯:《当代世界政治理论》,曾炳钧译,柴金如校,商务印书馆 1983 年版。

25. 张千帆:《西方宪政体系》(上册),中国政法大学出版社 2000 年版。

26. [意]维柯:《新科学》(下册),朱光潜译,商务印书馆 1989 年版。

27. [美]理查德·A. 波斯纳:《法律理论的前沿》,武欣、凌斌译,中国政法大学出版社 2001 年版。

28. [美]罗斯科·庞德:《法律史解释》,邓正来译,中国法制出版社 2002 年版。

29. [美]布赖恩·比克斯:《法理学:理论与语境》,邱昭继译,法律出版社 2008 年版。

30. [美]本杰明·N. 卡多佐:《司法过程的性质》,苏力译,商务印书馆 1998 年版。

31. [美]理查德·A. 波斯纳:《超越法律》,苏力译,中国政法大学出版社 2001 年版。

# 后　记

　　又是一个凌晨四点，似乎隐隐地听见些许雀鸟的啼鸣，或许仅仅是我们平时未曾用心聆听的天籁，在沉寂静谧的背景下清晰了起来。终于完成了书稿的写作，打开窗，一阵清凉沁入了整个身心，周围的建筑群似乎都在沉降，而我却迎着凝雪般的月光星辉步向天宇……

　　这部研究霍姆斯及其法理学思想的书稿终于完成了，在这个新年伊始的冬夜里，我，一面感受着意大利歌唱家安德烈·波切利（Andrea Bocelli）那古典而浪漫的声音与旋律，一面清理着整部书稿的创作过程以及伴随其中的思想碎片。

　　对于美国著名法学家、联邦最高法院大法官霍姆斯先生及其法理学思想的研究，始于六年前的未名湖畔，那是一段我至今仍时常重温的美丽时光，因为它一如博雅塔下那泓清澈的湖水，总会荡起层层绵绵的涟漪，久久不能散去。伴随着这段美丽时光的，是两位我首先要感谢的人。其一，是我的研究生导师徐爱国教授，正是他透射着一身学者品格的引导、关心与教诲，将一个懵懂无知的学生带进了法律的学术殿堂，他对我的感染与影响仍在持续着、漫延着；其二，是我的研究生同学李霞，正是她灿烂的笑容与深沉的情感温润了我漂泊不定的心，对于一个年轻人而言，这似乎胜于任何的道理与说教，纯然默化成了奋斗与生活的冲创力与目标，现在她成为了我的妻子。

　　在之后的法律学习与研究生涯中，霍姆斯始终是我未曾放弃、也不愿放弃的研究主题，原因有很多，其中最重要的是，每多阅读一次霍氏的著述或者他人对其思想的解读，便会形成一种新的感受与理解。我相信,但凡有起码的探索精神之人,都不会放弃这种尽管艰苦却又颇多愉悦的阅读与研究。在此,我要感谢我的博士研究生导师张晋藩教授,追随先生求学期间,先生始终鼓励我要在学术积累的同时勇于探索创新,特别是要注意东西方法律文化的比较研究,正是在先生自身的严谨治学态度与勤奋学术创作的熏染之下,我不断对自己进行反思与总结。于是,在 2007 年,我将曾经阅读过的和为了精读而翻译下来的霍姆斯的部分重要著述文字整理出来,汇编成一个集子,承蒙清华大学法学院高鸿钧教授与清华大学出版社方洁老师的慧识与提携,得以《法律的生命在于经验——霍姆斯法学文集》为题出版,幸得读者方家不弃,于学术研究信心之树立颇有助益。

此后,因社会身份由学生转而肩担传道授业之职,故而时有如履薄冰之感,承蒙北京航空航天大学法学院龙卫球院长、张慧玲书记、高全喜教授、刘保玉教授、赵明教授、孙新强教授等前辈学人的关心、理解与支持,我得以在完成教学工作的同时,深入展开对霍姆斯及其法理学思想的学习与研究。特别是他们的人格魅力与工作态度,深深地感染与激励着作为后辈的我,不断地努力追求与探索,以回报他们的诚挚鼓励与殷切期望。此外,值得提及的是,在我课堂上的那些同学们清澈的眼神中,我看到了那一颗颗渴求知识与思想的年轻而美丽的心灵,这已经成为并且将永远成为促使我不断深入学习与研究的原动力。

在此,我还要感谢中国人民大学法学院的吕世伦教授与北京大学法学院的徐爱国教授,正是在他们的策划、编辑与邀请之下,我有幸能够参与到这套丛书的创作之中;此外,还要感谢黑龙江大学出版社的领导与各位编辑,特别是孟庆吉先生,正是他们的果决与辛苦工作,才使本书能够得以顺利出版。

最后,也是最令我愧疚与魂牵梦萦的是在那座燕赵古城中养育我多年的父母,现实生活总是将我身不由己地推向未知的前方，或许会有些许收获以及收获时的愉悦，但有一点却让我至少至今仍然无法慰藉，那就是作为儿子的我无法在父母膝前承欢尽孝，而只能在远方的冬夜里穿越千山万水凝视我所熟悉的那点点晕黄的灯光……

明　辉
2009 年 1 月 12 日凌晨
于北京寓所